民國歷史與文化研究

十九編

第6冊

從「懼潮抗潮」到「人水和諧」
——民國以來（1911～2010）的錢塘江防治（下）

李海靜 著

花木蘭文化事業有限公司

國家圖書館出版品預行編目資料

從「懼潮抗潮」到「人水和諧」——民國以來（1911～2010）
的錢塘江防治（下）／李海靜 著 -- 初版 -- 新北市：花木蘭
文化事業有限公司，2024〔民113〕
目 4+142 面；19×26 公分
（民國歷史與文化研究 十九編；第 6 冊）
ISBN 978-626-344-791-2（精裝）
1.CST：水利工程 2.CST：歷史 3.CST：錢塘江
628.08   113009359

ISBN-978-626-344-791-2

民國歷史與文化研究
十九編 第 六 冊   ISBN：978-626-344-791-2

從「懼潮抗潮」到「人水和諧」
——民國以來（1911～2010）的錢塘江防治（下）

作　　者　李海靜
總 編 輯　杜潔祥
副總編輯　楊嘉樂
編輯主任　許郁翎
編　　輯　潘玟靜、蔡正宣　美術編輯　陳逸婷
出　　版　花木蘭文化事業有限公司
發 行 人　高小娟
聯絡地址　235　新北市中和區中安街七二號十三樓
　　　　　電話：02-2923-1455 ／傳真：02-2923-1452
網　　址　http://www.huamulan.tw 信箱 service@huamulans.com
印　　刷　普羅文化出版廣告事業
初　　版　2024 年 9 月
定　　價　十九編 6 冊（精裝）新台幣 16,000 元

從「懼潮抗潮」到「人水和諧」
——民國以來（1911～2010）的錢塘江防治（下）

李海靜　著

目 次

下　冊

第五章　現代科研體系的形成

　　民國初期，中國尚未開展現代水利科技研究工作。至民國中晚期，在西方接受現代水利科學教育的工程技術人員陸續回國並執掌中國水利建設事業，自此，解開了中國現代水利科技事業發展的序幕，形成了以實測和試驗科學為研究基礎的水利科技體系建設。同時，基礎數學科學理論的最新進展，科技工作者能夠借助數學來定量分析實測基礎數據資料，成為水利工程學中有效的輔助工具和研究手段。

　　西方科學強調實證研究，這一思想在錢塘江治理工程中有著充分的體現。民國中後期，從事錢塘江治理工程的科技工作者均強調基礎實測數據的重要，流域實測和調研工作被持續開展，海塘設計中的力學分析、江道演變數學模擬等科學研究工作得以逐步開展。基礎科研涉及水文測量、地形測量、地質測量、氣候測量等內容，對此類數據的收集整理有助於瞭解流域特性，進而制定相關的治理措施。基礎科研的起步標誌著錢塘江防治工程由傳統的經驗治河轉入實證科研，這是錢塘江防治理念也是中國水利科技走向現代化的重要標誌。

　　民國時期及其以前，無法制定實施有效的錢塘江防治方略，除魚鱗海塘外其他造價低廉的塘型設計均失敗，原因之一就是缺乏基礎數據資料作為研究支撐。一系列基礎數據資料的獲取、基礎數據分析工作的開展及基礎科研體系的構建，為錢塘江治江理念的發展完善、防治方略科學有效的制定奠定了堅實基礎。

　　中華人民共和國成立之後，現代化的科技手段和現代化的計算工具獲得長足發展，尤其是電子計算機和數理模型試驗的發展，為工程技術領域帶來了新技術革命。20 世紀 80 年代，利用電子計算機技術對獲取的基礎數據資料展開科學計算分析，構建錢塘江防治工程的數學模型，大大提高了科學治江的效力。

在錢塘江防治工程開展過程中，基礎科研從無到有，並逐步建立完善，形成了錢塘江科研和管理的專門機構，創立了學術期刊，形成了強湧潮河口治理、鹹水入侵預報、湧潮研究等一系列居於世界領先地位的研究成果，形成了龐大的科研團隊，研究成果不斷被推廣應用到其他領域，為浙江省的經濟社會發展服務。

錢塘江防治工程的實施不僅促成了錢塘江現代科研體系的構建，還填補了河口海岸學中「強湧潮河口研究理論」的空白，為我國河口海岸學學科體系的建立、發展與完善作出了重要貢獻。

5.1 基礎科研的起步

5.1.1 水文測量

水文數據資料是一切水利工程設計的基礎。伴隨西方近代水利科技的傳入，錢塘江水文測量工作也逐步展開。錢塘江最早的水文觀測數據由不同機構為不同目的而開展。

錢塘江流域最早的水文觀測源於英國皇家海軍「逍遙者」（Rambler）號。1888 年〔註1〕，在 W. U. Moore 海軍中校的率領下，英國皇家海軍艦艇進入杭州灣。同年 9 月 20～22 日（望汛）在大陳山、韭王門山和海寧分別進行同步觀測潮位，包括每半小時記錄一次潮位，長途港的高、低潮時間和湧潮經過海寧的時間。測量工作結束後，W. U. Moore 回國後將此次測量的結果撰文發表在英國專業學術期刊上。〔註2〕這是現今發現的有關錢塘江水文觀測最早的文章。

錢塘江流域設置固定的水文觀測站，最初是為了滿足航運需求。1840 年鴉片戰爭後，西方國家入侵中國，為了滿足航運需求，通過其所控制的海關在中國各地進行水位和雨量的觀測，從而揭開了我國近代水文工作的序幕。

1887 年，海關在鄞縣和永嘉設立雨量記錄站，這是浙江省最早建立的水文站。〔註3〕1871 年，英國人在吳淞口張華濱設立潮位站，後根據該站三十多年的觀測，1900 年（光緒二十六年）定出「吳淞零點」作為長江流域和浙江省應用的水準基面。〔註4〕1906 年（光緒三十二年），海關部門曾在杭州灣口外

〔註1〕1888 年，正值英軍侵略西藏。
〔註2〕直到 20 世紀 80 年代，戴澤蘅先生與國外交流時才獲得此文章。
〔註3〕吳睿，浙江之水文〔J〕，浙江省水利建設叢刊〔J〕，1946：4。
〔註4〕浙江省水文志編纂委員會，浙江省水文志〔M〕，北京：中華書局出版社，2000：8。

大戩山設站觀測水位，此前在此處也有過觀測低潮位的記錄。1910 年（宣統二年）2 月，上海濬浦局在海寧設立水尺對潮位進行了為期 2 周的觀測，並將觀測結果印成了手冊。此外，上海濬浦局曾先後在杭州灣口外綠華山、竹嶼山，口內的拓林、乍浦和澉浦分別設立短期觀測潮位的站點。〔註5〕

因滬杭鐵路在 1909 年開通浙江段自閘口至楓涇。為此滬杭甬鐵路局於 1915 年在杭州閘口設立水文站，自 1909 年 3 月至 1932 年 12 月底持續開展觀測工作。閘口水文站是錢塘江河口最早開展長期固定的水文觀測站。

1919 年 12 月，上海濬浦局在海寧逐日觀測日朝的全潮潮位，以及水面以下一英尺處的含沙量和含鹽度變化過程線，這是錢塘江河口甚至該水系最早的有關含沙量和含鹽度的觀測。1920 年 2 月，澉浦和海寧之間設立了 6 支水尺用於觀測潮位，歷時半個月。此次觀測數據詳盡，在小尖山低潮位之前 1 小時至湧潮過海寧後 1 小時的時段內，每分鐘觀測一次；其餘時間每隔 10 分鐘觀測一次。這是在沒有自動記錄儀器時最為詳細的水位觀測數據，資料十分珍貴。同年 2～3 月間，該局還在河口內沿北岸巡迴測量了 8 個站位的流量，並在其中三個站位測定錢塘江含沙量。

錢塘江水文觀測作為防治工程的基礎研究工作被重視，始於 1928 年浙江省水利局成立之後，相關負責人及技術人員積極倡導推進該項工作，為未來開展的錢塘江治本問題提供基礎數據資料。總工程師白郎都（Ludwig Brandl）、張自立〔註6〕、何之泰〔註7〕等水利專家在分析錢塘江防治問題時，均提出水文測量是解決水利問題最重要的根據。徐世大對測量儀器的標準問題專門撰文闡述。由此，正式籌劃推進水文觀測工作。水文測量的內容涉及水標、流量，其中水標包括水標站地點與高度、校核與統計；流量包括流量地點與測量範圍、校核與統計、錢塘江閘口流量站全潮流量、斷面流速、流量關係曲線、歷年流量之推究、流量成績、河床之變遷、含沙量等內容。

1929 年 3 月，浙江開始在富陽、蕭山聞堰、杭州三郎廟、蕭山西興江邊、海寧八堡、海鹽、乍浦六處設立水位站，並於閘口上游 3 千米處的徐村設立流量站（該流量站僅測量過當年 3 月和 6 月兩次大潮汛的流量）。此後，在錢塘江、曹娥江、鄞江、浦陽江、甬江、苕溪運河等流域設立水標站 29 處，雨量

〔註5〕浙江省水文志編纂委員會編，浙江省水文志〔M〕，北京：中華書局出版社，2000：418。

〔註6〕張自立，浙江之水利建設〔J〕，民國時期期刊全文數據庫（1911～1949）〔J/OL〕。

〔註7〕何之泰，十年來之浙江水利，浙江建設〔J〕，民國二十六年五月，Vol.10，No.11。

站 12 處，流量站 29 處，雨量水標合併觀察站 8 處。當時省政府認為：浙江省地面遼闊，水文觀測應該得到普及，特擬定新的觀測點，費用由下轄的 75 縣負擔，每處水利局派人指導。〔註 8〕

圖 5-1　錢塘江閘口水文測量數據（1932 年 9 月至 1934 年 3 月）

表四　錢塘江閘口流量站全潮流量成果表

次數	施測日期 年	月	日	最高水位 M(W.H.Z.)	最低水位 M(W.H.Z.)	最大斷面積 M²	最小斷面積 M²	進潮 總流量 M³	歷經時間 起	迄	平均流率 M³/Sec.	平均流速 M/Sec.	退潮 總流量 M³	歷經時間 起	迄	平均流率 M³/Sec.	平均流速 M/Sec.	最大流速 M/Sec.
1	21	9	29	6.55	5.91	6,839.16	6,180.49	34,161,879.0	[illegible]	14:30	1,169.44	0.33	12,961,608.0	14:30	15:45	3,103.02	0.47	0.61
2	21	10	18	6.62	6.05	6,884.17	6,295.97	27,454,599.0	8.45	16:30	984.04	0.15	16,840,396.0	16:30	18:00	3,118.57	0.47	0.71
3	21	11	1	7.57	6.55	7,674.13	6,506.92	36,550,125.0	8:00	16:00	1,269.19	0.19	25,884,774.0	16:00	17:00	7,190.22	0.97	1.53
4	22	2	23	6.73	6.30	6,589.42	6,173.10	39,095,741.0	8:00	16:00	1,357.49	0.22	10,278,063.0	16:00	17:45	1,631.14	0.25	0.35
5	22	3	15	6.62	6.15	6,745.06	6,258.25	67,934,907.0	8:00	17:15	2,040.09	0.31	8,350,093.0	17:15	18:45	1,546.31	0.33	0.47

1930 年，浙江省水利局在海鹽澉浦和桐廬蘆茨埠兩處設立水位站。1 年後，再添設桐廬水位站。同年，浙西測量隊改為浙西工程測量隊，該隊除擔任控制、地形測量外，還負責流量、水位、含沙量及河床變遷等測量事項。1932 年 3 月，浙江省建設廳設立水文測量隊〔註 9〕，負責辦理各河道之流量、水文、含沙量及河床變遷等測量事宜。至此，浙西平原共設水文站 15 處，錢塘江流域設置 12 處，浙東各流域設置 11 處；同時，各流域建立流量觀測站 16 處。〔註 10〕抗戰爆發後，1937 年浙江省水利局搬遷至蘭溪。自抗戰至 1943 年，浙江省內水文站僅有衢江及甌江水標站六處開展觀測工作。〔註 11〕

1946 年 1 月，浙江省水利局復建。同年 6 月，恢復閘口、拱宸橋、海寧、臨海、永嘉等 5 各水文站；11 月，擴充青田、鎮海、桐廬、七里瀧、蘭溪、衢縣、杭州、鄞縣共 13 個水文站。〔註 12〕

1945 年 6 月，浙江省水文總站成立，隸屬於中央水利部中央水利實驗處，全面負責浙江省內水文測量事宜。

5.1.2 地形勘測

5.1.2.1 測量、測繪工作的開展

錢塘江流域最早開展的基礎科學研究應首推測繪。自乾隆年間，乾隆皇帝

〔註 8〕建設：（戊）水利：27，民國時期期刊全文數據庫（1911～1949）〔J/OL〕。
〔註 9〕民國時期，浙江省水利局隸屬於浙江省建設廳。
〔註 10〕中國水利問題與二十四年之水利建設，民國時期期刊全文數據庫（1911～1949）〔J/OL〕。
〔註 11〕浙江省水利局，浙江省水利局工作報告，民國三十二年民國時期期刊全文數據庫（1911～1949）〔J/OL〕。
〔註 12〕浙江經濟年檢，民國時期期刊全文數據庫（1911～1949）〔J/OL〕。

要求每兩個月上報海塘修築的進展情況，並附工程圖。此時，繪製海塘圖並無科研目的，但卻開創了測繪工作的先河。1908 年，皇帝批准成立海塘工程總局，該局專門下設測量所，負責繪製工程圖式並測繪海塘一切相關事宜。可以說，這是最早從事錢塘江測繪工作的專門機構。

民國時期，西方近代科技傳入，對基礎測科學研究的要求日益提高，錢塘江逐步建立和完善測繪工作，成立專門的測量隊展開流域測量，並將測量數據資料整理，繪製測繪圖，以供科研需要。

1912 年海寧海塘工程總局改制，改制後下設測量部。同年，浙江省議會通過了《調查全浙水利案》，民政司下設浙東和浙西兩個測量隊，負責河流的測量工作。1913 年，浙江省公署內附設海塘測量處，並有海塘測量隊駐於海寧小普陀，專門測量海塘形勢和水位等。1916 年，海塘測量處測繪成 1：10 萬的《浙江海塘形勢圖》一副，以及 63 幅《浙江海塘形勢分圖》，測繪範圍由北岸杭縣的獅子口至平湖金絲娘橋，南岸自蕭山麻溪山至餘姚楊浦橋，及曹娥江至上虞梁湖。1918 年 1 月，紹蕭塘工局實地測繪了蕭紹海塘和三江閘等處塘岸地形。

圖 5-2　1932 年測量學名詞翻譯

測 量 學 名 詞 之 一 部 (續)

研　究　部

戴　頤　　沈衍基

許闓培　　許壽崧

A

原　　名	譯　名
Aberration	行光差
Aerial Surveying	飛機測量
Annual fluctuation	年差
Apex	頂點
Apparent time	眞時
Aqueduct	水渠
Astronomical	
A—time	天文時
A—triangle	天體三角形
Astronomy	天文學

B

| Barometer | 氣壓計 |
| Aneroid—B. | 氣壓測高計 |

20 世紀 20 年代末期，西方測量學傳入中國，並被應用於水利、交通等部門。圖 5-2 為 1932 年為方便大家更好的掌握測量知識，登載在《土木工程雜誌》上的文章，文章內容則是將測量學相關的專業術語進行翻譯。

1928 年，浙江省水利局組建成立之時，紹蕭工務處就內設測量組和製圖室。且當時聘請的總工程師白郎都認為：「全省水利工作應從測量開始，繪製各河道詳細地圖，並開展水文觀察」。〔註13〕後任的幾位總工程師均認可此觀點。因此，浙江省的測量和水文工作迅速發展。此後，為開展錢塘江測量工作，省水利局特組建錢塘江測量隊，從事錢塘江的水道勘查測量工作。浙江省及錢塘江流域測量工作的內容不斷豐富，涉及三角測量、水準測量、河底測量、地形測量、杭州灣海底及兩岸地形測量等內容。

1937 年抗戰爆發，浙江省水利局遷至麗水，錢塘江地形測量工作中止。1947 年後，此項工作得以繼續開展。民國時期，除錢塘江外，對浙江省內其他河流也開展了測量工作。

值得一提的是，1929 年浙江省水利局在錢塘江和浦陽江開展測量工作。這次測量工作採用了科學的水利測量手段，進行了查勘測量、水準測量、三角測量、河底測量工作。〔註14〕在錢塘江、浦陽江每千米埋設一塊石標，作為水準點〔註15〕和三角點〔註16〕，同時用以標記里程。左右兩岸分別以 L、R 區分，左（北）岸石標起點為杭州三郎廟，右（南）岸石標起點為蕭山西興的義渡碼頭，分別向上、下游展設，下游以「—」為標記，當年測量的量為 L_{20}—L_{11} 和 R_{16}—R_6。圖 5-3 為 20 世紀 30 年代完成的錢塘江三角測量圖。浦陽江兩岸，石標設在漁浦—諸暨之間，諸暨以上僅一岸設石標至湖山橋。

〔註13〕白郎都，引，《浙江省水利局民國十八年年刊》，1927：2。
〔註14〕浙江省水利局年刊，民國十八年，民國時期期刊全文數據庫（1911～1949）〔J/OL〕。
〔註15〕水準點（Bench Mark，簡稱 BM）是在高程控制網中用水準測量的方法測定其高程的控制點。一般分為永久性和臨時性兩大類。永久性的水準點是在控制點處設立永久性的水準點標石，標石埋設於地下一定深度，也可以將標誌直接灌注在堅硬的岩石層上或堅固的永久性的建築物上，以保證水準點能夠穩固安全、長久保存以及便於觀測使用。
〔註16〕三角點是指在地球表面上，按測量規範的要求選定一系列的點，以這些點為頂點的三角形互相聯接在一起組成三角網（鎖），在點上設置永久性測量標誌，以便進行觀測，這些點統稱為三角點。每個三角點都要繪製點之記，通過測量算得三角點的座標成果，為國民經濟建設和地形測繪提供基本的平面控制，為研究地球形狀，地殼形變，地震預報、地球重力場，空間科學技術等提供必要的資料。

圖 5-3 20 世紀 30 年代完成的錢塘江三角測量圖

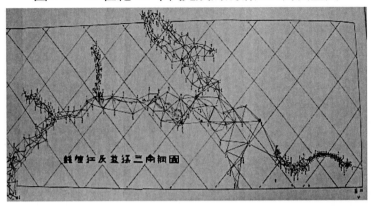

1931 年 6 月，浙江省水利局組織海塘塘地測量隊，詳細丈量了杭海段護塘地，自杭州清泰門外烏龍廟西映字號至海寧、海鹽兩縣交界處，內外塘共 139.030 千米，裏外護塘地共 16897.768 畝，歷時 9 個多月完成。

5.1.2.2 首創飛機測量

浙江省在國內最早開展飛機測量，開創了我國航空攝影測量的先河。[註 17] 1928 年 12 月，浙江省水利局總工程師白郎都提議開展飛機測量以提高測量速度。經浙江省水利局認可，向浙江省建設廳提交飛機測量經費預算表，其中包括飛機購置費、儀器費、人員費等各項費用。此時，國家剛剛穩定，經費困難，此方案未能立即被實施。此後，浙江省水利局又提出三種方案。根據提交方案，浙江省政府以節省開支為目的，最終選定：自購飛機、儀器，在國外製圖，大約需費 19.6638 萬元。

飛機購置經費經多方籌措，最終於 1930 年自德國漢莎航空公司購置飛機和相關設備，並與該公司簽訂合作協議。同年 10 月下旬，飛機運達上海，11 月 15 日飛抵杭州，停放在翁家埠海塘外沙地的臨時停機場。與此同時，浙江省水利局還聘請了德國籍的機械師、測量師、攝影師、製圖員、飛機駕駛員 5 人。[註 18]

1928 年 11 月 24 日，飛機首次試拍攝南沙區塊。測量結束，飛機回機場降落時為避圍觀群眾 [註 19]，飛機機翼損壞。飛機修復後，於 1931 年 5 月在普通高水位時拍攝了浦陽江 36 千米的一段河道，繪成 1：5000 平面圖 3 幅。

〔註 17〕浙省舉辦飛機測量水利〔N〕，聞報，民國二十年六月七日。
〔註 18〕建設：（戊）水利：27，民國時期期刊全文數據庫（1911～1949）〔J/OL〕。
〔註 19〕此時，飛機屬於新鮮事物，無數民眾聚集在江灘上圍觀。

同年6月7日，新聞報以「浙省舉辦飛機測量水利（完成全省河流地形圖）」
為題登載新聞，介紹浙江省開展三角測量、飛機測量的情況，內容如下：

> 浙江全省各流域之三角水準河底測量，已有錢江、浙東、浙西
> 三測量隊，分途實測，至地形測量，係利用飛機。前此飛行不久，
> 因輪胎損壞、中途停頓，現已向外洋購來輪胎四隻，並已裝配完竣，
> 開始工作，惟飛機測量工作頗為迅速，應先完成預備工作，方能進
> 行無阻。故由建設廳令飭水利局，於測量工程座課人員、抽調組織，
> 設置標誌數隊，由錢江浙東兩隊，追隨舉行三角測量，以期各河地
> 形圖早日理水準河底流量等測量，所有各測量隊進行步驟、完成期
> 限及測量工作、規程細則、刻正擬訂，即可頒布施行雲。〔註20〕

由此可證實，三角、水準、河底等測量工作及飛機地形測量在同時展開。

1928年，南京的參謀本部中央陸地局創建航空測量隊〔註21〕，將浙江省水
利局的測量飛機及相關儀器用品、人員一起徵用，浙省飛機測量隊從而歸屬於
中央航空測量隊。自此，浙江省飛機測量、地形測量工作停頓。〔註22〕同年7
月，浙江省水利局以杭州灣與錢塘江運河聯絡線及清泰門外江岸坍陷為原由，
向參謀部陸地測局商討短期代辦飛機測量。12月再次實施飛機測量，因大霧，
僅完成了錢塘江南沙一帶、錢塘江與運河連貫線、閘口至翁家埠一段錢塘江邊
地圖。又因事前未設視座標，不能進行製圖，僅繪製了大致形勢。〔註23〕

這次的飛機測量工作雖未能取得預期的成果，但對中國飛機測量事業起
到了開創性的作用。1946年抗戰勝利後，為開展治江工程，錢塘江再次組織
開展飛機測量，測量圖詳見第一章圖1-3。

5.1.3 地質研究

錢塘江流域的地質調查工作並沒有作為獨立科目展開專門的勘探工作，
但工程技術人員對其展開了相關研究。現對民國時期錢塘江地質研究工作的
狀況加以闡述。

〔註20〕浙省舉辦飛機測量水利〔N〕，新聞報，民國二十年六月七日。
〔註21〕劉自健，民國測繪史略〔J〕，繪工程，1999（1）：75～80；丁仁熹，關於民國
　　　　前後江蘇測繪機構和測繪教育的演變概況〔J〕，現代測繪，1994（3）：37～38。
〔註22〕水患聲中之浙省水利工程〔N〕，民國日報，民國二十年八月三日。
〔註23〕顏世輯，浙江省水利局辦理飛機測量之經過〔J〕，水利月刊，Vol.2，No.34，
　　　　188。

早在 1910 年，《地學雜誌》刊登了史延颺所譯的「錢塘江沿岸之地質」〔註 24〕，該文對錢塘江流域的地質特點、山石的組成成分、河流的水系進行了詳細的分析和介紹，是介紹錢塘江沿岸最早的地質文章。

1916 年，《地學雜誌》刊登了楊星垣所譯的「錢塘江流域之地質」〔註 25〕，此文是上一篇文章的續寫。在「錢塘江沿岸之地質」的基礎上，詳細介紹了每一類岩層的形成及其特點。

《地理之友》第一期刊登了「錢塘江下游地形實察與今後潮汐的影響」一文，文章是作者馬湘泳隨老師實地考察錢塘江後所寫。文章闡述了錢塘江河底地形增高，並指出該地形有利於錢江潮。這是最早一篇認識到錢塘江江底存在地形增高，且與湧潮形成有關的文章。

朱庭祐、盛莘夫、何力賢撰寫了「錢塘江下游地質之研究」〔註 26〕，內容主要介紹了錢塘江的地質構成，地層的形成過程和歷史演變，以及錢塘江上、中、下游的歷史演變過程。此文是關於錢塘江地質研究最為全面、詳盡的研究成果。

通過以上文獻資料，我們可以瞭解到：工程技術人員已認識到治江工程需要瞭解錢塘江的地質特點，並展開相關研究工作，且已取得部分研究成果，以馬湘泳的成果最為突出。馬湘泳的文章已認識到錢塘江江底地形增高的情況，且指出了江底增高與湧潮的關係。這是對錢塘江江道特性認識的重大突破。遺憾的是，此文之後沒有研究者言此方向展開深入研究。直到 20 世紀 50 年，在錢功的指導下，戴澤蘅、李光炳等人撰文指出江底沙坎問題。

5.1.4　氣象測候創設及其發展

錢塘江流域緯度較低，位於中亞熱帶地區，靠近海洋，季風活動頻繁。春季受太平洋副熱帶高壓影響，降水增多，以陰雨天為主，春雨、梅雨連綿不斷。7～8 月間高溫乾旱，但受颱風影響，常出現颱風暴雨，甚至風暴潮，對兩岸海塘極具破壞力。氣象測候工作瞭解流域降雨量等基本水情信息最為基礎的工作之一。

5.1.4.1　近現代中國氣象測候事業發展概況

中國近代氣象測候機構最早由西方傳教士在我國沿海地區設立，其目的

〔註 24〕史延颺譯，錢塘江沿岸之地質〔J〕，地學雜誌，宣統 2 年 7 月，No.7：19。
〔註 25〕楊星垣，錢塘江流域之地質〔J〕，地學雜誌，1906，No.3-4：8。
〔註 26〕朱庭祐、盛莘夫、何力賢，錢塘江流域之地質〔J〕，建設月刊，No.1：24；No.2：85。

是收集我國氣象情報資料，為其軍事、航運和海上貿易服務。自明末西方傳教士東來，將西方宗教、科學、技術帶到中國，西方氣象測候知識伴隨著天文學知識較早傳入到中國。1869 年 11 月，在長江沿岸江漢關設立測候所；[註27] 1877 年，法國天主教會在上海建立徐家匯天文臺 [註28]，負責收集整編中國各地教會寄來的氣象報告，按月出版氣象資料；自 20 世紀初，法國傳教士范恩利、翁秉正（Justin Vion）相繼在貴陽始開展氣象觀測工作，並設立氣象觀測點。[註29] 此階段，中國氣象測候為外國傳教士所把持，德國割青島，英國據香港，日本占大連，法國在徐家匯，都建立了氣象觀測臺和觀測網，卻沒有中國人自主建立的測候系統。

與此同時，中國農林、水利建設需要日益仰賴氣象測候報告來擬定詳細計劃，航空飛行更需準確的氣象測候報告。現實需求讓政府關注到此事，嘗試興建測候機構。1912 年，北洋政府教育部在北京設立我國自辦的氣象臺——中央觀象臺，受經費和儀器設備所限，直至 1914 年才正式開展觀測工作。[註30] 1914 年，農商部通令各省農業機關設立氣象測候所 26 處，但因經費困難多數被迫停辦，僅保留北平 3 處勉強維持。1916 年 10 月，作為北洋政府全國水利局總裁的張謇深知氣象觀測於農業、水利等民生行業的重要，在南通以私人名義創立「軍山氣象臺」，並希望依靠行政力量在全國推廣氣象測候機構的設立，卻無疾而終。但受此影響，部分地區氣象測候工作取得了一定進展，如：1915 年起，江淮水利局在各流域設置多處水文站和觀測站，為開展淮河治理收集基礎數據資料。[註31] 1918 年，順直水利委員會在主要流域設置雨量站。另，北洋政府的參謀本部在航空學校、航空署、中國銀行庫倫分行以及海岸巡防處等單位，先後設立過測候所。但因測候所數少質差，設備簡陋，無法發揮作用。1920 年，中國氣象臺為發展國內氣象，擬定「擴充全國測候所意見書」，

〔註27〕中國楚商編委會，中國楚商·第 1 卷〔M〕，北京：中國財富出版社，2013：33。
〔註28〕1879 年 7 月 31 日，上海遭受強颱風的襲擊，造成了巨大損失。在外商的要求之下，清政府同意海關與徐家匯觀象臺合作在全國沿海地區設置測候所，共設立 30 餘處，其中 7 處位於浙江，分別是大戢山（1880）、花鳥山北島（1880）、寧波（1880）、鎮海（1882）、溫州（1882）、小龜山（1884）、北漁山（1895，1929 年增設嵊山觀測站。
〔註29〕貴陽市地方編纂委員會編，貴陽通史·中〔M〕，貴州：貴州人民出版社，2011：343。
〔註30〕溫克剛，中國氣象史〔M〕，北京：氣象出版社，2004：104，110～112。
〔註31〕徐東平、王勇勇主編，淮河文化與皖北振興〔M〕，合肥：合肥工業大學出版社，2012：484。

翌年獲北京政府通過。〔註 32〕但受制於軍閥混戰、政局不穩等社會因素的影響，推進艱難。

1927 年，南京國民政府成立，結束軍閥割據，國內政治統一，為氣象測候事業發展創造了良好的外部環境。同年 12 月，竺可楨應中央研究院院長蔡元培（1868～1940）和行政部主任楊杏佛（1893～1933）之邀，擔任中研院觀象臺籌備委員會常務委員，與高魯一起負責籌備觀象臺。1928 年 11 月 9 日，國民政府公布《中央研究院組織法》，氣象研究所成為中研院擬設的十四個研究所之一。〔註 33〕〔註 34〕中研院氣象所的成立標準著我國現代氣象測候事業正式開啟。

中研院氣象所成立初期，在研究方面鮮有成績，在實用的天氣預報方面也無法提供實質支持。據竺可楨先生的說法，原因有兩個，一是測候網絡不健全，二是電政配合跟不上。以中國之幅員，至少需一等測候所兩百所以上，而當時的總數不及五十。〔註 35〕督促各地建立測候機構，建成遍布全國的測候網點，成為其首要工作。1929～1941 年間，竺可楨與全國各地相關部門的負責人展開廣泛信函交流，督促和指導各地測候所設立。〔註 36〕

事實上，社會建設的現實需求已使多地建立測候站、點。如：華北水利委員會、全國水利委員會（南京二等氣象測候所）、無錫太湖流域水利委員會、西安陝西省水利局西安測候所、北方大港籌備委員會等水利建設機構均有設置；此外，還有隸屬於地方建設廳的測候機構，如：福建省福州測候所、河南省政府建設廳開封氣象測候所、鎮江江蘇建設廳省會測候所、山東省建設廳氣象測候所、青島觀象臺、杭州浙江省建設廳測候所等。〔註 37〕但因資金緊張，很多地方測候機構維繼困難。

〔註 32〕程維榮著，中國近代行政法 1901～1949〔M〕，北京：商務印務館，2018：314。
〔註 33〕竺可楨，國立中央研究院氣象研究所籌備經過報告〔R〕，原載：欽天山氣象臺落成紀念刊〔J〕，1929，轉引自：竺可楨，竺可楨全集·第二卷〔M〕，上海：上海科技教育出版社，2004：1～3。
〔註 34〕竺可楨，論我國應多設氣象臺〔J〕，東方雜誌，1921（15），轉引自：竺可楨，竺可楨全集·第二卷〔M〕，上海：上海科技教育出版社，2004：344。
〔註 35〕王皓，徐家匯觀象臺與近代中國氣象學〔J〕，學術月刊，2017（09）：171～184。
〔註 36〕中國第二歷史檔案館，1929～1941 年間竺可楨發展地方測候事業相關信函選〔J〕，檔案史料，2012（1）：15～58。
〔註 37〕曹瑩，民國時期氣象專業期刊及氣象科技發展〔D〕，南京信息工程大學學位論文，2018：12。

5.1.4.2 水利局測候所的設立

1928 年，擔任浙江省水利局總工程師的奧地利籍工程師白郎都（Ludwig Brandl）在其所制定的《錢塘江之整理計劃》中特別指出：「流域防治規劃方案的制定是以詳細的流域地圖和水文觀測數據為基礎，而浙江省內缺乏流域的測繪和水文資料，應首先開展測量和水文工作。」〔註38〕由此，測量、水文、氣象測候等基礎科研受到重視。首先是水文數據的收集，省水利局著力在省內主要流域設置雨量站。科學布局雨量站，確保低投入、高質量獲取基礎數據，實現全流域覆蓋，解決無雨量站地區的水文問題。〔註39〕自 1929 年 4 月至 10 月短短 7 個月時間，全省設置雨量站 24 處並隨即投入使用。

此時，恰與竺可楨先生籌設的中研院氣象所相一致，符合國內建設氣象測候機構的大環境，無疑為天時，加之浙西水利建設的需求，由專業技術專家主導錢塘江防治工程，又應了地利與人和。〔註40〕1930 年，中研院氣象所組織召開全國氣象會議，要求各省至少應設立頭等測候所 1 處。次年，氣象所組織舉辦了多期全國氣象培訓班，為各地培養基層氣象測候工作者。〔註41〕〔註42〕

在天時、地利、人和的形勢下，浙江氣象測候站點建設順利且快速。受領導層變動影響，1932 年浙江省政府改聘張自立〔註43〕擔任浙江省水利局局長兼總工程師，他認為：「若要制定流域治導防治方案，需要瞭解流域水量的大小，河流變遷情況，及地區雨量氣候特點。」〔註44〕對於氣象測候工作的重要性，他與前任有著共同的認識，這就為浙江氣象測候工作的持續推進奠定了基礎。

1932 年 9 月，浙江省政府參照《全國氣候規劃規程》要求，浙江省水利局著手籌備建立專門的氣象測候部門，由水利局工程師顧世輯擬訂《浙江省水

〔註38〕白郎都，本局民國十八年年刊·引言〔J〕，浙江水利局年刊，1929：2。

〔註39〕中國大百科全書編輯委員會，《水利》編輯委員會，中國大百科全書出版社編輯部編，中國大百科全書·水利〔M〕，北京·上海：中國大百科全書出版社，1992：408。

〔註40〕浙江省政府委員會，浙江省政府委員會會議四月二日第九十七次會議·浙江省水利局組織規程〔J〕，浙江省建設月刊，1928（40）：15。

〔註41〕國立中央研究院總辦事處，國立中央研究院總報告〔R〕，1931（5）。

〔註42〕吳增祥，1949 年以前我國氣象臺站創建歷史概述〔J〕，氣象科技進展，2014（06）：61。

〔註43〕張自力（1895～1977 年），自若岩，湖南安化人。畢業於美國伊利諾斯大學鐵路土木系。

〔註44〕張自力，浙江省之水利建設〔J〕，浙江建設月刊水利專號，1933：31。

利局附設測候所計劃書》。1933 年 1 月〔註 45〕，正式成立浙江省水利局測候所，於杭州舊撫署（今鎮東樓）和金華市分別設立二等測候所兩處。浙江省水利局任命該局副總工程師周鎮倫〔註 46〕兼任測候所所長，李鋒為視察員。〔註 47〕隨之，取消了 1919 年設立在浙江省甲種農業學校測候所，以及 1930 年設立在海鹽的東方大港〔註 48〕測候所。自此，浙江省水利局測候所成為浙江省內唯一官方專門氣象測候機構。

　　浙江氣象測候事業發展過程中，測候事業發展所需資金主要來源於浙江省建設廳財政撥款，各地方雨量站則由所在地方政府出資建設。

　　截止 1932 年浙江全省擁有雨量站 127 處。〔註 49〕浙江氣象測候工作得到竺可楨先生的充分肯定，〔註 50〕並使用 1935 年之前的氣象觀測數據撰寫《杭州的氣候》一文。〔註 51〕1932～1933 年間，在竺可楨的努力下，全國共建立測候所 27 處。需要指出的是，至 1936 年華北水利委員會共改建和新建雨量站 88 處，氣象站 11 處。〔註 52〕與國內其他地區相較，浙江氣象測候工作進展順利且迅速。

　　浙江氣象測候事業發展以服務水利建設為目的，得到了主管機構和地方政府的大力支持，借力水利建設短期內建成遍布全省的測候點，完成了建制化、專業化、規範化發展的初創階段。因其管理規範、觀測數據科學準確，1945年曾與昆明美國空軍第十測候隊合作，聯合培訓 17 名氣象測候人員，在雲和、

〔註 45〕 說明：浙江省水利志此條目為 1931 年 4 月，筆者通過史料比對，發現此時間有誤，應為 1933 年 1 月，故本文採用後者。

〔註 46〕 周鎮倫（1890～1969 年），浙江衢州人。1912 考入北洋大學土木工程系，畢業後前往福建任閩江疏濬工程師。1916 年赴美留學。歷任國民政府首都建設委員會技正、浙江省建設廳副總工程師、水利局局長兼氣象測候所主任、浙江大學教授，並輪值主編中國水利工程學會會刊《水利》。1938 年，避居澳門，後擔任香港建築設計師。

〔註 47〕 浙江省水利志編纂委員會編，浙江省水利志〔M〕，北京：中華書局出版社，1999：355，17。

〔註 48〕 東方大港建設設想由孫中山先生在《建國大業》中提出，計劃在杭州灣的乍浦、澉浦一帶建造大型港口。政府對錢塘江治理工程的預期目標：一是，錢塘江通航；二是，為東方大港建設服務。

〔註 49〕 浙江省水利局，浙江省水利局附設測候所計劃〔J〕，浙江省建設月刊，1932（56）：8～361。

〔註 50〕 竺可楨，致全國經濟委員會水利處函稿·竺可楨全集〔M〕，上海：上海科技教育出版社，2004：416。

〔註 51〕 竺可楨，杭州之氣候〔J〕，源自電子資源：全國數據檢索。

〔註 52〕 浙江省水利局，本局十八年年刊〔J〕，1929：19。

黃岩、天台、杭州雲居山增設測候所，每天定時為美軍第十航空隊（飛虎隊）提供氣象情報服務。〔註 53〕抗戰勝利後，中央大學張書農（1910～1997）教授又以觀測數據為依據，擬定錢塘江治理方案，並出版專著《治河工程學》。1947年 6 月後，浙江省水利局測候所撤銷，歷經多次機構調整後發展成為專門的獨立機構。

5.1.5　水工實驗

　　17 世紀歐洲資本主義工業革命，使社會生產力得到極大提高，各類大型儀器設備被發明，大型設備的出現可以滿足開展大規模工程建設的需求。與此同時，經典流體力學理論已經不能滿足和支持江河防治和大型工程建設的需要，以牛頓（Isaac Newton, 1642～1727）的相似律作為理論基礎的水工模型試驗便成為解決工程問題的時興手段。在此基礎上，規模宏大的大型水利工程項目開始出現在歐洲大陸。1872 年，英國造船家弗勞德（W. Froude, 1810～1879）建造世界上第一個水池，進行船舶阻力試驗，提出弗勞德相似律。1885 年，英國學者雷諾（Reynolds, 1842～1912）開展模型試驗，並提出雷諾相似律。這些研究奠定了水工模型試驗實踐基礎。1891 年，德國德累斯頓工科大學教授恩格斯設立了世界第一個水工試驗室，在此進行了幾十年的關於河道整治的試驗，其中包括中國政府委託的黃河河工模型試驗。這一試驗也推動了中國建立水工試驗機構的進程。在德國當澤（Danzig）工業大學專修水利的李儀祉先生從德國留學返國後，一直呼籲設立中國水利科學研究機構。〔註 54〕

　　1928 年 9 月，華北水利委員會成立，李儀祉就任委員長。在第一次委員大會上，他和委員李書田（秘書長）提出籌建河工試驗場，獲全體委員一致通過。當時設立水工試驗主要是開展黃河、永定河的河道防治工程。同年，原華北水利委員會總工程師徐世大做出試驗所計劃書，轉由留德回國、有水工實驗經驗的李賦都繼續進行詳細規劃。

　　20 世紀 20 年代國外水工實驗研究已取得很大進展，尤其是德國。1929 年到 1931 年間汪胡楨等在全國內政會議上呼籲建設國立水工試驗所。至 1931年 1 月，雖經中央財政委員會核准，且已著手進行試驗所設計，終因經費未落

〔註 53〕浙江省氣象志編纂委員會編，浙江省氣象志〔M〕，北京：中華書局出版社，1999：17。

〔註 54〕崔廣濤，北洋大學校長李書田與中國第一水工試驗所，參見：http://www.hydropower.org.cn/showNewsDetail.asp?nsId=2908。

實而無法實行。李儀祉和李書田以中國水利工程學會正、副會長聯名，上書國民政府主席蔣介石：呈請設立國立中央水工實驗所。他們指出：「中國水患無年無地不遭水患。水利為農田命脈。現全國水災奇重，目下所最為急要者，自為水利工程，但現在辦理工程與歷代迥異。每一計劃、一切人工對象動需千、百萬元。實不如水工實驗。再行舉辦，以求節省人力物力和免遭失敗。」李書田在水利第一屆年會開會詞中說：「徹底解決先輩所常遇的問題，非有大規模之水工試驗所。」1931 年 8 月，在中國水利工程學會第一屆年會上，李儀祉、李書田又提出設立國立中央水工試驗館的提案。1932 年 9 月份，通過各方踴躍捐助，水利工程學會籌措到建築費 40 多萬元，至此，策劃五年的中國第一水工試驗所得以啟動。由此，開創了國內水工實驗研究的先河。〔註55〕1933 年 10 月 1 日，中國第一水工試驗所在天津成立，這是中國第一個現代水利科研機構。它的成立標誌著現代水利科學研究在中國落地生根；也是中國水利由傳統的經驗水利轉變為現代科學水利的里程碑事件。

另一方面，國內的學者對水工試驗開展的情況展開研究和介紹。

1930 年徐世大翻譯了「水工研究之歷史的發展」一文，介紹了國外水工發展的現狀，該文刊登在《華北水利月刊》的第 10 期。這是國內最早介紹國外水工試驗發展狀況的文章。

1932 年鄭肇經先生在《工程》雜誌刊登了「二十四紀水工模型試驗之進步」，文章詳細介紹了水工模型的試驗的優勢，以及在實際研究工作中的應用。

此後，徐世大於 1933 年翻譯了 Kenth .C. Reyndds 的原著《水力相似性諸定律對於模型試驗之應用》，以及撰文「水工試驗與水利工程」。兩篇文章分別發表在《華北水利月刊》的第 12 期和第 78 期。1934 年李儀祉撰文「彎曲河道挾沙至大規模試驗」，發表於《黃河水利月刊》第 11 期，可見水工試驗已開始應用於黃河的防治工程。同年，何之泰撰文「河底沖刷流速之測驗」，刊登在第 6 期的《水利月刊》。

汪胡楨、徐世大兩位國內較早鼓勵推行水工實驗的專家，都曾在錢塘江工作，並擔任領導職務，他們將西方水工試驗的發展狀況介紹到國內。1947 年 4 月，浙江省政府回電「錢塘江海塘工程局提出辦理各項水工模型試驗的計劃書」，在此計劃書中，建議舉辦各項水工模型試驗，以供今後工程改進的參考。提出先行開展四堡挑水壩與海塘土工兩項模型試驗，需費四千三百美金，因財

〔註55〕同上。

政支絀籌措困難，希望能夠得到美援經費辦理此試驗。〔註 56〕「錢塘江海塘工程水工及土工試驗計劃」就進行試驗的作用，對試驗內容、研究問題等進行了詳細具體的闡述說明，並開展了部分試驗工作。

錢塘江在國內較早開展的水工試驗工作。何之泰等錢塘江工程技術人員，曾撰文「十年來之浙江水利」〔註 57〕，也對此事進行了回憶和闡述。由此可見，當時錢塘江水工實驗研究工作是走在全國前列的。

1946 年，面對坍損的海塘，錢塘江海塘工程視察團成員薛卓斌〔註 58〕、黃炎〔註 59〕詳細分析海塘坍損原因，並提出應對的策略。更為重要的是，二人的研究建議來自於科學實驗，他們開展了錢塘江土壤試驗研究，包括土壤比重試驗、液限及塑限試驗等等，以此來科學分析錢塘江海塘土壤特性，確定海塘修築塘型的設計方案。詳見圖 5-4。

圖 5-4　1946 年土工試驗數據記錄

絕對比重試驗記錄

試樣號	瓶及水重量 gms.	溫度 C.	瓶及水土合重 gms.	溫度 C.	土重量 gms.	計算比重	校正數	絕對比重
1	127.42	29	148.33	32	33.95	2.604	0.013	2.59
2	122.95	29	148.43	32	40.17	2.667	0.013	2.65
3	122.95	26	147.43	30	39.58	2.621	0.011	1.61
4	127.42	29	149.36	30	35.03	2.676	0.011	2.66
4	127.42	29	154.33	29	43.04	2.606	0.010	2.60
6	122.95	29	142.13	29	29.82	2.803	0.010	2.79

水界點與塑性界點試驗記錄

試樣號	玻璃皿重量 gms.	玻璃皿及濕土重量 gms.	玻璃皿及乾土重量 gms.	乾土重量 gms.	濕氣重 gms.	濕氣含量 %	擊次	水界點	塑性界點
	10.55	25.54	21.64	11.09	3.90	35.2	3	28.5	
1	10.59	28.50	24.07	13.48	4.43	32.9	5		
	12.37	29.21	25.27	12.90	3.94	30.6	11		—
	12.21	32.96	27.23	15.02	5.73	38.2	5		
1	16.21	37.95	32.29	16.08	5.66	35.2	12	32.2	
	11.46	33.50	28.22	16.76	5.28	31.5	30		—
	10.07	30.70	24.87	14.80	5.83	39.4	32		
4	33.33	53.31	47.59	14.26	5.72	40.1	20	39.8	
	22.59	43.94	37.58	14.99	6.36	42.4	11		—
	18.85	45.76	38.38	19.53	7.38	37.8	31		
5	16.25	41.99	35.44	19.18	6.55	34.1	35	35.3	
	16.53	36.74	31.78	15.25	4.96	32.5	74		
	37.57	67.74	60.80	23.23	6.94	29.9			29.9
	24.59	50.93	44.33	19.93	6.60	33.1	4		
6	16.22	45.49	38.91	22.69	6.58	29.0	11	26.6	
	15.93	44.16	37.93	22.00	6.23	28.3	16		
	16.78	38.53	34.11	17.33	4.42	25.5			25.5
4	22.59	48.08	41.95	19.36	6.18	31.7			31.7

資料來源：薛卓斌、黃炎，錢塘江海塘工程視察報告（七）。

〔註 56〕浙江省政府代電，錢塘江海塘工程救濟專款監理委員會有關資料，錢塘江海塘工程局。

〔註 57〕何之泰，十年來之浙江水利〔J〕，浙江建設，1937，Vol.20，No.11。

〔註 58〕薛卓斌為上海濬浦局總工程。

〔註 59〕黃炎為上海濬浦局建築科科長。

這些基礎科研的開展，為未來錢塘江海塘的修築、防治規劃的制定奠定了良好的基礎。這也是中國水利工程建設由「經驗主義」走向「實證主義」的開端。

5.2 民國時期科研發展概況

為更好的瞭解民國時期錢塘江科研工作開展的情況、主要的研究方向和研究內容，本節通過分析民國時期登載水利類文章的主要期刊《浙江省建設月刊》和《水利》中的相關文章，來探討此階段錢塘江科研發展的概況。

5.2.1 《浙江省建設月刊》所反映的錢塘江科研

《浙江省建設月刊》〔註60〕於 1927 年 5 月創刊，次月發行，初定名為《浙江建設月刊》初期創辦宗旨是「成為浙江省建設事業整個的言論機關」。〔註61〕刊登的內容多是與省內建設相關的行政法規及相關行業的管理規程。1930年，建設廳與浙江省各直轄機關合作，刊登內容更為豐富，涵蓋農業、水利、經濟、社會、交通等等方面。

1930 年 1 月《浙江省政府組織法》公布，浙江省政府設立民政、財政、教育、建設四廳。〔註62〕建設廳主管全省與建設相關的各項事業，涉及的行業領域非常多。建設廳創建《浙江省建設月刊》的初期，在編輯刊登的內容方面，側重於在任領導的建設思想，廳長提出的建設重點內容，也必將成為刊物選取文章的重點。後編輯人員認為此種方式缺乏新意，刊物無法取得長足的發展和進步，開始轉變編輯的思路，登載一些研究性的文章。〔註63〕從刊物發行時間來看，1937 年抗戰爆發後停刊，抗戰結束後的 1945 年復刊；抗戰期間，1939年 10 月曾出版《浙江建設·戰時特刊》第一期，1940 年 4 月出版第二期，同年 10 月出版第三期，至 1943 年 4 月方出版第四期，後改為《浙江省建設》季刊，具體停刊時間不詳。

正是通過這樣一份具有政府背景的期刊，我們可以清晰瞭解當時浙江省

〔註60〕該刊自第三十二號開始改稱《浙江省建設月刊》，自第三十七號起改為第四卷第一期，即自創刊號起每月一期，12 期為一卷。
〔註61〕浙江省建設月刊，1930，Vol.4，No.1。
〔註62〕中國人民政治協商會議浙江省委員會文史資料研究委員會，浙江百年大事記〔M〕，浙江：浙江人民，1986：208。
〔註63〕蔡斌咸，本刊之史的發展〔J〕，浙江建設，1939，No.1：4。

建設的重點，進而尋找與錢塘江和海塘建設相關的內容，來探討錢塘江工程的建設開展情況。下面將該刊物所登出的與錢塘江相關的文章梳理如下：

表 5-1 《建設月刊》文獻統計

刊　名	文章題名	作　者	刊　號
《浙江省建設廳月刊》	海寧鹽平海塘工程報告書	徐世大雷鴻基	1927 年第 1 號
	呈覆查勘紹蕭塘工情況	徐世大	1927 年第 2 號
	浙江之險塘工程	沈保璋	1927 年第 2 號
	略陳防治錢江意見書	須愷	1928 年第 3 號
	浙江省三年來之建設概況	霍寶樹	1930 年第 36 號
	呈報測勘三江大閘預備灌漿修補情形	浙江省水利局	1930 年第 4 卷第 1 期
	杭海段海塘沿革史略	徐驤良	1930 年第 4 卷第 5 期
	改築溪伊斜坡石塘之經過	顧厚熙	1930 年第 4 卷第 5 期
	海寧塘搶險後現狀及改進方法	章錫綬	1931 年第 4 卷第 6～7 期合刊
	查勘尖山江橋施工情況及意見	浙江省水利局	1931 年第 4 卷第 6～7 期合刊
	對海寧塘工之我見	黃靄如	1931 年第 4 卷第 8～9 期合刊
	浙江省各河至合混量	朱延平	1933 年第 6 卷第 11 期（水利專號）
	浙江省辦理水利事業之經過	趙震有	1933 年第 6 卷第 11 期（水利專號）
	三江閘上看工程	朱延平	1933 年第 7 卷第 1 期
	杭州市壩閘之調查	何幼良	1935 年第 8 卷第 2 期
	十年之浙江水利	何之泰	1937 年第 10 卷第 11 期
	從辦理水政所見到的浙江水利之重心	朱延平	1937 年第 10 卷第 11 期

《建設》季刊	錢塘江海塘設計之檢討	陳隆焜	1947 年 1 卷 2 期
	錢塘江海塘沿革史略	汪胡楨	1947 年 1 卷 4 期
	錢塘江下游地質之研究	朱庭祐 盛莘夫 何立閒	1948 年 2 卷 1、2 期

從上述列表可以看出，自 1930 年至 1937 年，錢塘江海塘的修築工程一直在持續的開展。且開始對海塘的塘型、修築技術進行研究，採用新的技術和材料修築海塘和閘壩。同時，撰文的作者均為從事此項工作的工程技術人員。由此可以推測，1930 年錢塘江的重點工程在於海塘和閘壩的修築。同時，具有西方水利科學知識的工程技術人員開始探討新的技術和新材料的應用，並取得了一定成果。1928 年，須愷撰文《略陳防治錢江意見書》，提出了開展錢塘江防治工程和防治理念，這是有關錢塘江防治工程的第一篇文章，為後來的研究者指明了研究方向。

抗日戰爭結束後，工程技術人員開始探討錢塘江防治的根本問題，《錢塘江下游地質之研究》一文就是明證。此文詳細介紹了錢塘江流域的地質地貌、形成過程、沿岸主要工程點的歷史變遷。這是有關錢塘江地質問題最為完善且較早的一篇文章，是錢塘江防治工程最為基礎的研究工作。可見，當時已經開始關注整體防治的問題。此文作者均為從事錢塘江流域防治工作的工程技術人員，從中也可以對科研人員的能力和水平有個概況的評估。

通過對文獻的分析研究，可以瞭解：1937 年之前，錢塘江防治工程的重點為海塘的修築維護，新的技術和新的方法被逐步應用到實施工程中，海塘工程、修築技術得到進一步的完善和改進，且已有技術人員關注治本問題。

5.2.2 《水利》月刊所反映的錢塘江科研

1931 年，中國水利工程協會在南京成立。同年 7 月，創辦《水利》雜誌，同時發行首刊。該刊物每兩個月為一期，編輯單位是中國水利工程協會出版委員會，其委員均為當時國內著名的水利專家，且大多有留學背景，如：汪胡楨、徐世大、張任、須愷等等。該刊物可以稱之為我國最早的專業水利期刊，其所發表論文均為當時國內水利建設的熱點和難點，並時常介紹國外的研究動態和研究理論，對我國早期水利科學的發展起到了重要的推動作用。

　　根據刊物所登載的文章，可以一窺當時國內各流域水利建設的概況，最新研究理論和新技術的應用情況。1948 年第 2 期刊登「紀念李儀祉先生的專輯」，同年 3 月該刊物停刊〔註64〕，此刊自創刊伊始共發行 15 卷 82 期。下面將有關介紹錢塘江的文章摘錄如下：

表 5-2　《水利》月刊文獻統計

文章題名	作　者	刊　號
對於改良杭海段塘工之意見	李儀祉	1931 年第 1 卷第 1 期
兩年來之浙江海塘以根本防治水患	張自立	1932 年第 3 卷第 5、6 期合刊
浙江之水利建設	張自立	1933 年第 4 卷第 1、2 期合刊
整理錢塘江之意見	張自立	1933 年第 4 卷第 5、6 期合刊
修築紹興三江閘工程報告	董開章	1933 年第 5 卷第 1 期
浙江水文測量之成果	何幼良	1933 年第 5 卷第 1 期
錢塘江下游江岸今昔之比較與整理工程進行之概況	張自立	1933 年第 5 卷第 3 期
浙江黃岩西江閘工程之完成	胡步川	1933 年第 5 卷第 3 期
兩年來浙江鹽平海塘工程概況	孫量	194 年第 7 卷第 5 期
對於修復錢塘江海塘之研討	孫壽培、馮旦	1946 年第 14 卷第 3 期
錢塘江丁壩設計之檢討	汪胡楨	1948 年第 14 卷第 5 期
海塘一年	汪胡楨	1948 年第 15 卷第 2 期（紀念李故會長儀祉先生專輯）

　　通過對表中文章的分析，可以瞭解到與《浙江省建設月刊》同樣的情況，即錢塘江早期一直以海塘修築工程為主。但值得一提的是，李儀祉先生的「對於改良杭海段塘工之意見」一文，是最早提出運用現代力學原理對錢塘江海塘進行修築，此文開啟了錢塘江海塘修築技術新的篇章，改變以往傳統的修築

────────────

〔註64〕浙江省人物志編纂委員會，浙江省人物志〔M〕，浙江：浙江人民出版社，2005：367。

方法，將現代科學理論運用於海塘工程之中。

1933 年，所刊登的張自立的文章「整治錢塘江之意見」，此文指出：修築海塘乃治標之法，不能解決錢塘江的治本問題，而錢塘江治本的關鍵在於江道的整治。這是中國人自己提出的最早的有關錢塘江江道防治規劃的設想，此文為以後的錢塘江防治工程開展奠定了基礎。

此外，對於錢塘江海塘工程的探討，以及丁壩的設計問題都是當時錢塘江開展的主要工程項目，這些文章無疑總結了海塘修築的經驗和教訓，為其他地區的海塘修築工程提供了可借鑒經驗。

該期刊除錢塘江外，黃河、長江、淮河、海河、太湖等當時正在開展的主要流域防治工程都有介紹，由此可以瞭解到當時流域防治的概括；研究的內容涉及水文、測量、泥沙、最新理論公式、河床演變、防治工程、國外治河的經驗等等相關的水利科學內容。由此可見，該期刊在傳播水利科學知識方面起到了極為重要的作用。另外，各流域最新的科研成果很多都在此發表，可以使我們更好的瞭解國內水利研究的狀況。同時，促進了相關學科建設的發展，如泥沙、水文、航道等等學科領域。

5.3 中華人民共和國成立後學科體系的發展

1954 年，錢塘江海塘再次發生大規模的潰堤，引起國家的關注。國家決定要從根本上對錢塘江進行治理。1957 年，在水利部的支持下，錢塘江河口研究站成立，由此錢塘江河口防治工作被正式提上日程，拉開了錢塘江全面防治工程的序幕。工程技術人員從基礎數據收集、基礎測量和測候著手，展開數據分析，創辦期刊傳播各國治水經驗，結合工程實際，實現技術突破。

5.3.1 基礎科研的發展

錢塘江河口段江道游蕩不定，沖淤變化頻繁且速度極快，若要掌握其變化特性，必須經常長時段的歷史觀測以來及其變化情況。1950 年，浙江省水利局就提出恢復基礎測量工作，重建水文、測候、勘查隊伍，各地設立測候所。測量隊成立後，對錢塘江閘口以下江道開展江道地形圖的測量工作，每年測量數次。1952 年，華東軍政委員會水利部所屬海塘技術研究組和海潮實驗站（由錢塘江水利工程局代管）組織了三次錢塘江海潮突擊測驗，並規定以後每年至

少測量三次，測量範圍逐步向下游延伸，1954 年測量至尖山，1955 年至澉浦，1971 年至金沙嘴。

1955 至 1957 年間，測量隊分別在杭州閘口和七堡實施橫向同步全程測驗。1957 年，錢塘江海潮測驗隊組建，專門從事水下地形測候和潮汐水文測驗。1958 年，浙江省水利廳主持錢塘江海塘調查和清丈工作，重新樹立里程碑，編寫字號里程對照表，以供查考。這些可貴的一手資料為錢塘江河口防治研究工作的開展提供了準確可靠的信息。

1957 年，工程技術人員採取由實測資料進行河床演變分析，從而對錢塘江的一般特性和變化規律有了初步認識。錢塘江河口防治規劃一直在進行當中，為分析防治後潮汐水文和洪水位的變化，1960 年建立了第一座錢塘江河口整體模型，開展定床模型試驗。同時，組織數學模擬計算工作（數學模型），開展潮汐河流的不恒定水利計算。此時完全依賴人工手算，後逐步應用計算機計算。工程技術人員對實測資料展開河床演變、數值模擬計算研究、比尺模型試驗研究等分析研究工作，將實測數據與模擬試驗結果相互結合，使其相互補充、相互印證，實現了技術突破，在錢塘江防治工程中發揮很大作用。

20 世紀 60 年代，根據錢功教授提出的《錢塘江河口河床演變及整治原則的分析研究提綱》，開展河口沙坎形成原因及其演變過程、泥沙搬運、閘下淤積、河床形態在江道整治布局中的應用研究。中國水利水電科學研究院和浙江省水利科學研究所合作，完成《錢塘江河口沙坎的近代化過程》，華東師範大學完成《錢塘江河口沙坎的形成及其歷史演變》，浙江省水利科學研究所完成《錢塘江河口河道平面擺動初步分析》、《錢塘江河口沖淤規律及閘下淤積問題的初步分析》、《潮汐河口建閘與全線縮窄後的變化》、《錢塘江河口沙坎對閘口以上河道壅水作用初步分析》等報告。〔註65〕根據這些基礎研究成果，浙江省水利科學研究所撰寫《錢塘江河口的河道整治與固灘圍塗》一文，提出「減小進潮量，刷深河槽，削弱湧潮，穩定河槽，圍墾灘塗，改善航道」的防治原則，將河道全線縮窄作為減少進潮量的主要措施之一。

錢塘江因超浪兇猛，資料的獲得著實不易，測量人員要在湧潮和風浪中開展工作。特殊的「文革時期」，因錢塘江防治工程的開展，錢塘江測量工作仍能正常開展，實測數據得到了很好的保持，積累了長期系統的一手資料，這在國內外都是極其少見的。筆者通過訪談瞭解到，「文革」初期麗水水文站被撤銷，

〔註65〕浙江省錢塘江管理局，世紀輝煌（內部資料），2005：71。

正在著手撤銷浙江省水文總站。此時,鍾世傑被任命為水利電力廳水處處長,力保水文站,並要求必須開展水文測量,每年年底整編數據。〔註66〕1968年,鍾世傑被任命為浙江省水利電力廳生產領導小組組長,行使著廳長職權,此項工作也就更為順暢的開展起來。

　　正是不同歷史時期管理者、科技工作者深諳基礎科研在流域治理方案的重要性,由此使得此項工作得以持續開展。

5.3.2 學術期刊的創辦

5.3.2.1 創立過程

　　因基礎數據和資料的不全,建國初期的錢塘江防治工作一直集中在基礎調研方面。多次組織不同學科領域的中外專家對錢塘江會診。全面深入開展錢塘江水文、氣候、地形、地貌等方面的研究工作,徹底瞭解錢塘江的實際情況。到了70年代,防治規劃方案才逐步提出。當時,國內缺乏強潮汐河口防治經驗,研究資料十分匱乏。

　　1949年建國之初,國內的學術期刊基本都已停刊,無法獲取相關研究資料。當時國內與河口海岸工程相關的研究工作尚未開展,此領域的相關研究資料微乎其微。

　　1970年,政府提出要在錢塘江建設黃灣樞紐工程,戴澤蘅等工程技術人員方走出「牛棚」負責此項工程。「文革」時期,工程的開展面臨著專業技術人員短缺、相關技術資料很難獲取等困難。1972年,戴澤蘅總工程師提出(參見周潮生訪談紀要)創辦刊物,登載國外相關研究成果,由此創辦了《河口與海岸譯叢》。為了開拓研究思路,瞭解國外相關的研究動態,為科研技術人員提供可供借鑒的經驗和相關的研究理論,總工程師的戴澤蘅提議創辦《河口與海岸譯叢》期刊。創刊初期主要介紹國外在河口海岸工程方面的研究成果,以翻譯國外相關的研究成果為主,以便工作人員瞭解國外的研究動態和研究方法,並將相關的研究成果運用到錢塘江防治工程中。周潮生任刊物總編輯,據他介紹,當初正值國家困難時期,杭州無紙可買,每期的雜誌需要到富陽去油印。

　　伴隨著治江工程的開展,河口室研究實力逐步增強,所內人員開始撰寫相關文章發表在刊物上。《河口與海岸譯叢》自第8輯開始刊登本所工作人員的研究成果,期刊改名為《河口與海岸工程》,自第13輯開始改為鉛印。1978年,

───────────────

〔註66〕來自於對鍾世傑的訪談內容。

浙江省河口海岸研究所掛牌，編輯單位也隨之改變。至 2000 年，浙江省河口海岸研究所與浙江省水科院合併，《河口與海岸工程》併入《浙江水利》，自此不再出版《河口與海岸工程》雜誌。

《河口與海岸工程》自創刊至停刊共出 55 輯，前 28 輯一直以內部資料的形式印刷。刊發至第 28、29 輯合刊後，才申請內部報刊準印證：（浙）字第 01-161 號，按正式期刊的形式出版發行。該刊雖為內部刊物，但在錢塘江防治工程中起到了舉足輕重的作用。本文將對此刊物的創建背景、研究內容及其影響進行分析，以期探討在防治過程中，學術期刊的建設對學科建設起到了怎樣的作用。

本部分內容通過對《河口與海岸研究》的分析，可以瞭解建國後錢塘江河口防治工程的發展動態，及研究的重點和研究方向，由此折射出學科建設和學科發展的脈絡，有助於我們瞭解今天「河口海岸學」學科的發展過程。另外，通過對期刊的分析，可以直觀地瞭解特殊時期水利科學建設與發展的一般路徑，工程技術人員研究和關注的重點內容。

5.3.2.2 期刊內容

《河口與海岸工程譯叢》創刊目的是為讀者提供國外相關研究的研究成果和研究進展，使所內科研人員瞭解和借鑒國外經驗，將國外成熟的治水經驗和成果應用到錢塘江防治工程中。國內除錢塘江外，其他流域均不存在強湧潮的問題，也沒有相關研究成果和研究經驗可以借鑒。

1972～1978 年共出版刊物 8 期，其內容均為翻譯國外相關研究成果，主要涉及工程材料、泥沙運動、水利工程、海岸工程、水力學、計算方法、環境水利、模型試驗、波浪、水文和水資源等十幾個方面的研究內容，林秉南、陳吉余等也翻譯相關文獻資料在此刊物上發表。翻譯的內容即包括已發表的學術論文，也包括國外專業書籍的相關章節。譯文均通過仔細篩選，選取與錢塘江防治工程相關或防治工程所需的研究方向和研究成果，這是對國外技術引進的重要過程。

《河口與海岸工程譯叢》作為內部刊物，創刊之初並未考慮公開出版發行，但刊物卻起到了異常重要的作用。中華人民共和國成立後，錢塘江防治工程對西方水利知識的引進—消化—吸收的過程，在這本刊物中可以清晰獲知。該期刊成為傳播國外水利科技知識，培養錢塘江治河專家的重要平臺。刊物起到了知識傳播的良好效果，為前期錢塘江基礎科研工作的開展提供了可供借鑒

的知識成果。在此基礎上，工程技術人員吸收國外最新科技成果，並將其應用到錢塘江防治工程中，同時結合流域特點，形成最新的有關錢塘江防治的研究成果。

1980 年之後，刊物上逐步刊登本單位科技工作者的研究成果，譯文數量也隨之逐步減少。20 世紀 80 年代後期，譯文進一步減少，且一般為刊物編輯人員翻譯，刊物以發表專業技術人員所撰寫治江文章為主，刊物名稱也隨之更名為《河口與海岸工程》。

在不同時期，結合錢塘江防治工程的開展，期刊所刊登的內容不斷變化，透過期刊論文可以看到錢塘江防治工程每階段開展和研究的重點，反映了治江工程的階段性工作進展。

1972 年首刊為荷蘭專輯，主要介紹荷蘭水工建設成果。具體內容如下，詳見表 5-3。

表 5-3　1972 年《河口與海岸工程譯叢》第一期目錄

學科類別	文章標題	作　者
工程材料	水流和風浪作用下石塊及其他材料的穩定性	戴澤蘅譯
泥沙運動	水工建築物下游的基礎沖刷問題	余大進譯
水利規劃	三角洲計劃	陳吉余譯
海岸工程	潮汐港灣的堵口	余大進譯
海岸工程	荷蘭的海岸與港口工程	余大進譯
海岸工程	海岸工程的設計標準	韓曾萃等譯
水力學	河流、近海區和外海的潮汐計算	韓曾萃等譯

從譯文內容可以瞭解，當時錢塘江海塘工程主要集中在海塘堵口和江道內修築水工建築物，來減少海潮對塘身的沖刷。同時，通過計算來獲取潮汐的沖刷力，從而制定海岸工程的設計標準。此時，錢塘江防治工程的重點仍集中在海塘工程上，以防禦海潮為主，修築海塘為主要內容。

1973～1975 年，研究的主要內容集中在對湧潮傳播的有限差分模擬，水流、鹽分入侵的數值分析方面，開始關注環境水利方面的內容，為錢塘江進一步的防治規劃方案的制定做科研儲備。1976 年之後，開始認識關注江道、河口的淤積問題，國外流域建閘方案的介紹，及國外潮汐能開發利用問題。這與

當時錢塘江防治規劃的內容都是十分吻合，此階段正在討論錢塘江河口段建造攔江大壩方案，以開發利用潮汐能河口防治設想。

表 5-4　1976～1981 年《河口與海岸工程譯叢》文章目錄

學科類別	文章標題	作　者	刊登時間
泥沙運動	河口淤積	王達邦譯	1976，No.5
泥沙運動	沿岸漂沙是波浪和潮流的函數	余大進譯	1976，No.5
泥沙運動	潮汐控制閘壩對河口淤積影響的數學模式	周潮生譯	1976，No.5
水力學	東京灣的潮流計算	施麟寶等譯	1977，No.6
水力學	盧瓦爾河口的阻力研究	王達邦譯	1977，No.6
水力學	河口的現場經驗	周潮生譯	1977，No.6
泥沙運動	潮汐河流的輸沙	周潮生譯	1977，No.6
泥沙運動	河流中丁壩周圍局部沖刷的模擬	錢啟明譯	1977，No.6
水力學	河流和河口非恒定流系統的模擬	趙雪華譯	1978，No.7
水力學	潮汐河流的數學研究	趙雪華譯	1978，No.7
水力學	定床輸沙的糙率	周潮生譯	1978，No.7
計算方法	不穩定流的計算方法（一）	施麟寶譯	1978，No.7
計算方法	不穩定流的計算方法（二）	施麟寶譯	1978，No.7
泥沙運動、模型試驗	用放射性示蹤劑測量潮汐動床模型中的輸沙	錢旭中等編譯	1978，No.7
模型試驗	易北河的潮汐	錢啟明譯	1978，No.7
模型試驗	複雜河流潮汐模型流量比尺的確度	錢旭中譯	1978，No.7
水力學	A.T. 伊彭主編《河口海岸水動力學》第十章：「河口潮汐動力學」述評	林秉南	1978，No.8
水力學	河口潮汐動力學	周潮生譯	1978，No.8
波浪	碎浪引起的衝擊壓力	錢旭中譯	1978，No.8
海岸工程	拋築護坡的安全系數	錢旭中譯	1978，No.8

水文及水資源	錢塘江閘口站洪水位變化規律的分析	戴澤蘅	1979，No.8
水力學	砂質河床的水流阻力	錢旭中譯	1980，No.9
泥沙運動	泰晤士河口淤泥輸移的雙層模型	周潮生譯	1980，No.9
泥沙運動	錢塘江河口輸沙數學模型	林秉南等	1980，No.9
計算方法	杭州灣二維潮波計算	林秉南等	1981，No.10
計算方法	一維和二維不恒定流的特徵線法模擬計算	趙雪華	1981，No.10
計算方法	二維緩變非恒定流的若干問題及其在河口的應用	王達邦譯	1981，No.10
泥沙運動	紊動對淤泥絮片沉速的影響	黃菊卿等譯	1981，No.10
海岸工程	泰晤士河擋潮閘使倫敦免受潮災	余大進譯	1981，No.10
水力學	河底摩擦引起的重力波衰減	錢旭中譯	1981，No.11
水力學	湄公河數學模型的計算原理（分析和程序）	王達邦譯	1981，No.11
水力學	漩門港二期堵口工程潮汐水力計算報告	邵雅琴譯	1981，No.11
環境水利	鹽分入侵的數學模型	邵雅琴譯	1981，No.11
泥沙運動	絮凝對懸沙沉速的影響及風雲江河口懸沙沉速經驗公式	周文波	1981，No.11
泥沙運動	錢塘江、飛雲江兩河口泥沙靜水絮凝沉降試驗報告	黃曉莊等	1981，No.11
泥沙運動	泥沙粒徑計顆粒分析法的誤差與改正探討	黃曉莊等	1981，No.11
模型試驗	加爾沃斯頓灣口的動床模型研究	盧祥興譯	1981，No.11
風暴潮與湧波	關於風暴增水和潮汐的研究——1980 年日本海洋學會得獎項目內容介紹	丁錦仁譯	1981，No.11
河道演變及整治	杭州灣南岸邊灘的演變	惲才興等	1981，No.11

透過譯文可以瞭解到當時錢塘江防治過程中遇到的具體技術問題。為解決這些問題，譯者翻譯最新國外研究文獻供研究者參考，如潮流計算、泥沙運動、擋潮閘的作用、閘下淤積等問題，尤其關注國外動床模式試驗的研究成果，將相關研究成果介紹給同仁。

此階段最為關鍵的是錢塘江防治工程的研究者開始考慮在錢塘江防治工程中開展動床試驗，通過動床試驗，制定流域防治規劃方案，這充分體現了以科學為準繩的防治原則。與此同時，海塘修築工程及江道中的護塘水工建築物丁壩的研究仍在進行之中，並採取模擬試驗的方法對丁壩展開設計。

值得注意的是，1978 年林秉南先生發表了一篇名為《A.T.伊彭主編《河口海岸水動力學》第十章：「河口潮汐動力學」述評》的文章，該文詳細介紹了國外潮汐河口的動力學研究成果，為錢塘江河口防治工程提供理論支撐。此時，林秉南、錢玏的國內一流的水流專家聚集在錢塘江，為錢塘江防治規劃出謀劃策，他們的關注也推動了錢塘江防治工程的開展，並引起了國家的關注，為後期防治工程的開展奠定了良好基礎。

1979 年，根據水文實測結果，戴澤蘅發表《錢塘江閘口站洪水位變化規律的分析》，這是錢塘江科研人員發表的首篇研究成果。隨之，林秉南發表了有關錢塘江泥沙和潮波問題的文章。自此，不斷有科研人員根據工作實際發表相關研究成果。刊物的功能和性質在逐步發生改變，由引進世界最新研究成果轉為展示獨立創新成果的平臺。錢塘江防治工程正是在摸索中不斷引進、消化、吸收最新科技成果和科技手段，結合錢塘江流域特性，逐步形成具有錢塘江特質的學術研究成果，在此過程中，培育和鍛鍊了年輕一代科技工作者。

隨著科研內容的拓展，期刊內容也不斷擴充，增加了風暴潮與湧波、河道演變與整治、波浪、灘塗開發與利用、試驗研究、數值模型、河演分析、工程管理、水利規劃、儀器與設備、史志研究、考察報告等內容。這些研究內容與錢塘江防治工程及當時主要工作內容密切相關，最新的研究成果也不斷發表的該刊物上。進入 20 世紀 80 年代後期，錢塘江防治工程的重點集中在河口段的綜合防治，特別是江道整治治本工程的實施，圍塗治江方略的確定，對錢塘江湧潮自然屬性研究的深入，特別是有關波浪、泥沙的相關研究取得長足進展，並在國際上具有一定影響力。

20 世紀 90 年代，以戴澤蘅為代表的老一輩水利專家相繼退休，他們轉而開始撰寫《錢塘江志》，講述自己所從事的錢塘江防治工程。老先生們充分利

用期刊平臺，《河口與海岸研究》出專刊介紹《錢塘江志》的研究成果、存在
的問題、撰寫標準等相關內容。

5.3.3 研究領域的拓展

伴隨著基礎科研、調查工作的展開，錢塘江防治工程也得以逐步推進，並
形成科研和設計施功力量，即浙江省水利河口研究院與浙江省水利水電勘測
設計院。兩單位歷經多次改組重建，但其基本職責未發生太大變化，其研究側
重點各有不同，省水利河口研究院主要從事基礎科研工作，水電設計院主要從
事工程設計和施工。

在基礎數據調查的基礎上，科研人員深入研究河流特性、掌握河流規律，
在潮汐河口防治研究領域取得突破性進展，現今在強湧潮河口防治理論、鹹水
入侵預測、湧潮方面的研究水平已居於世界前列。為解決錢塘江的實際問題而
展開科學研究，取得眾多成果，主要體現在以下幾個方面：

（1）掌握潮汐變化與河口變化相互關係，制定河口整治方案，尤其是治
導線的確定。

錢塘江河口防治規劃方案歷經逐步形成、發展與完善的過程，是工程技術
人員在實踐工作中不斷摸索、完善才形成的最終方案。在此過程中，對潮汐、
泥沙河床的研究不斷深化，科學提出、調整防治方案。

1957 年，國家提出防治錢塘江，組建錢塘江河口研究站，其主要任務是
先整理分析錢塘江河口河床、地形和水文、潮汐等實測資料，探明錢塘江河口
水文、泥沙運行規律和河床演變規律。〔註67〕由此，科研人員著手對歷史文獻
資料進行整理、分析，以瞭解錢塘江潮汐變化、泥沙運移與河床演變的規律及
其基本特性。通過定量分析的方法，掌握不同河段季節性沖淤變化與年際變化
規律，潮汐變化與河床變化的相互關係。

20 世紀 60 年代初北京水科院〔註68〕錢功院士等一批工程技術人員與浙江
省水利水電科學研究所（即現在的浙江省水利河口研究院）合作，用近 10 年約
50 次錢塘江地形圖，再結合國內、外其他河口演變資料，對河口歷史變遷和泥
沙來源的探索以及不同潮汐河口造床動力的分析對比，對錢塘江河口形成的過
程、原因、機理有了深入認識。最為重要的是，通過山水／潮水造床流量比值

〔註67〕李海靜、王淼，親歷錢塘江河口治理開發過程的回憶——戴澤蘅、李光炳訪談
　　　　錄〔J〕，中國科技史雜誌，Vol.36，No.2，2015：218～219。
〔註68〕北京水科院，即現在的中國水利水電科學研究院。

（即山潮水比值）的定量分析，從而提出錢塘江河口量化判斷指標，為錢塘江全線縮窄江道以達到減少進潮量（加大山潮比值，增強山水徑流的沖刷作用）的防治原則奠定了理論基礎〔註69〕。從理論上解釋了：錢塘江是強潮河口，海域來沙為主，形成了一個寬大的水下沙坎，因此河道寬淺游蕩，其防治不應加大潮量，應減少潮量，加大山潮水比值或增大單寬潮量，這又從理論上進一步解釋了1952年的防治原則並提出了定量判別指標，從而促使在省內、水利部內統一認識到「縮窄固定江道，削減潮量」作為下一步防治的原則。〔註70〕

同時，工程技術人員在實施赭山灣河段防治實踐經驗的基礎上，對多年錢塘江江道地形圖中高灘保存機率平面分布情況進行分析，從而提出利用江道擺動的特性，把握江灘淤漲時機，築堤圍塗、以圍代壩（將圍墾與防治相結合），找到了高效、互利的防治途徑。

圍墾治江，江道寬度的確定需要以科學研究為基礎，要全面考慮圍墾對上下游的影響。在盡量多圍土地的訴求下，要保證圍墾工程有利於防治，且不能影響上下游江道安全、保障行洪順暢、航運暢通等相關問題。在此前提下，如何確定江道寬度是科研工作者面臨的新問題。

20世紀80年代中期開展的尖山河段防治工程，深入研究尖山段河道縮窄規模和布局對杭州灣北岸深水岸線、航道的影響。科研人員對幾種方案進行數值計算和模型試驗分析後，明確提出尖山河段縮窄程度的限度，確定下端澉浦斷面堤距為18千米，並制訂尖山河段治導線。尖山河段治導線的確立具有標誌性的意義，為未來錢塘江防治工程的科學、穩步推進奠定了良好基礎，為錢塘江防治工程劃定了一條科學紅線。20世紀70～80年代，「乘淤圍塗，以圍代壩」防治方略在此河段防治工程中全面推廣。

錢塘江河口治導線的確定，是以多年的地形、水文、泥沙、氣象等歷年實測系列資料為基礎，通過河床演變推演分析，借助數學仿真模擬與物理模型相結合的先進技術手段，結合浙江省經濟社會現實需求和發展趨勢，經科學論證後綜合統籌確定。錢塘江河口治導線是幾代水利人歷經60多年的摸索研究而確立的，歷經「科研—實踐—科研」的反覆論證，在實踐中得到檢驗，並回歸科研獲得研究理論的昇華。

〔註69〕此治江方案與民國時期治江方案出現了明顯的不同，民國時期治江原則為增大進潮量。
〔註70〕韓曾萃、潘存鴻，錢塘江河口治導線探索，文章尚未發表。

（2）創新性地運用數值模擬計算技術。

錢塘江防治工程開展初期，科研工作者致力於非恒定流數值計算方法的研究，首次對初擬的規劃江道作潮汐水力計算，此時均為手算，見圖5-5。同時，建立了乍浦以上全河口的定床潮汐河口模型。為增強準確性、加快計算速度，1963年河口研究所派人前往北京運用我國第一代104型電子管計算機進行杭州灣潮波計算，開創了我國潮汐河口運用比尺模型與數學模型相結合的河口研究工作。〔註71〕因錢塘江河口水流運動非線性效應強，潮波變形劇烈，河口地形複雜，增加了模擬計算的困難。科研人員嘗試不同差分格式〔註72〕，研究一些特殊問題的算法，探求分析適合於湧潮河口水流及輸沙過程的數學模型。

圖5-5 錢塘江數據計算原始資料

因錢塘江湧潮是一種特殊的水流現象，國內外沒有相關研究成果，尤其是有關潮波計算方法。20世紀70年代，科研人員嘗試以特徵線法為基礎的湧潮裝配法，及添加人工黏性項的穿行法進行計算；20世紀90年代，引入矢通量分裂法、NND格式用於計算湧潮。通過不同計算方法的摸索，尤其是對湧潮機理的分析過程中，科研人員發現：在穿行計算中所用的淺水流動方程，在湧潮附件反映的是機械能守恆，違反動量能守恆原則。發現問題後，科研人員從基本物理方程周守展開對湧潮數學模型的研究，從而獲得部分關於湧潮真實物理過程的認識。同時，對工程建築物附件小尺度湧潮數值模型研究採用MAC、VOF方法，也取得進展。

〔註71〕資料源於戴澤蘅、李光炳先生訪談原稿。
〔註72〕差分格式，數值計算方法中微分以及偏微分導數的一種離散化方法，即用相鄰兩個或者多個數值點的差分取代偏微分方程中導數或者偏導數的一種算法。選擇差分格式是離散化偏微分方程的第一步。參見：http://baike.haosou.com/doc/270096-285897.html。

　　20 世紀 70 年代後期，科研人員將不恒定流計算拓展到泥沙運動、河床變形、鹽水入侵和污染物輸移等方面，用於解決其他方面的社會生產問題。1978～1980 年，完成錢塘江江水含鹽度數值計算的研究，為杭州市城市取水作預報服務。1980～1982 年，這一計算方法再次應用到錢塘江河口段防治工程中，對錢塘江河口段進行準二維的水流、輸沙及河床變形計算，以確定河口段寬淺河道主槽與灘地分開問題，及灘槽間水沙交換。此項工作取得成功。1983 年，運用這一方法開展兩岸排污對錢塘江水質影響的計算，污物排放包括城鄉污水、電廠溫排水、核電廠放射性污水、海域油污染等方面，對這些數據進行數值計算，此方法拓展應用到江、河、湖、海等更廣泛領域。

　　1978 年至 1992 年間，錢塘江相關多項研究成果相繼獲得全國科學大會科技成果獎、浙江省優秀成果獎和浙江省水利科技進步獎等眾多獎項。

　　（3）建立比尺模型試驗，技術居於國內領先水平。

　　1960 年，為開展防治工程，特建立錢塘江河口第一座大範圍（從潮區到下邊界乍浦，水平比尺 1：1000）的定床模型，此後又建造不同比尺、範圍的模型進行河口防治方案試驗。1965 年曾用塑料砂嘗試動床試驗，後因「文革」而終止。

　　面對錢塘江防治方案中提出的建閘方案，為能瞭解建閘後閘下淤積情況，1973～1975 年開展懸沙淤積試驗獲得成功。20 世紀 80 年代，這一研究方法被推廣到秦山核電二期工程取排水口淤積問題，進行了錢塘江河口整體模型中杭州灣北岸深槽大範圍懸沙淤積和局部動床模型試驗，使模型試驗技術水平得到很大提升。作為浙江省政協委員的戴澤蘅總工，於 1990 年省政協六屆三次會議上提出「關於建立我省重大應用技術試驗基地」的建議。當年，這項議案得到省計劃委員會回覆：表示支持。1993 年，在省水利廳與省科委支持下，撥專款建成浙江省重點實驗室之一「潮汐泥沙實驗室」。〔註73〕浙江省眾多大型水利工程均在此進行前期試驗，以優化工程方案。

　　20 世紀 80 年代後期，該方法還用於處理河口鹽水入侵、污染物擴散輸移試驗。為準確瞭解錢塘江湧潮的破壞力，確保錢塘江海塘安全。1985 年建成專用的湧潮水槽，研究湧潮對海塘堤坡、堤腳、丁壩壩頭的沖刷，丁壩壩群間淤積分布情況，泄水閘閘門湧潮壓力，防止湧潮越塘的導流壩布置等問題的試驗研究。

〔註73〕　李海靜、王淼，親歷錢塘江河口治理開發過程的回憶——戴澤蘅、李光炳訪談錄〔J〕，中國科技史雜誌，Vol.36，No.2，2015：224～225。

伴隨各項模型試驗的開展，與此相關的儀器設備技術研製、改進水平獲得很大提升。如：自適應四通閥控制生潮系統、浮標流場測記的微機控制自動攝影儀、小車式生波機、湧潮發生微機控制系統、氯度檢測記錄裝置、模型砂攪拌輸送加沙系統、現成湧潮壓力測記系統，以及模型水位、流速、鹽度等信息傳送、記錄、顯示、處理系統等。

潮汐河口動床模型、鹽水模型和湧潮模型等多項試驗的開展，使得試驗技術水平、相關附屬儀器技術水平都獲得很大提升，其科研水平、科研實力明顯增強。

1993 年，《浙江省開敞式海岸波浪要素及波浪爬高的試驗研究》獲得浙江省科技進步三等獎，浙江省水利科技進步一等獎；1994 年，《杭州灣北岸深槽的形成及維護研究》同獲以上獎項，同時《潮汐動床模型試驗中渾水流量控制閥及加沙設備的研製》亦獲相同獎項，並獲水利部科技進步三等獎；1987 年《微機控制自動攝影儀》獲得浙江省水利廳科技進步二等獎；1988 年，《黃灣建閘閘下淤積定床試驗和計算技術進展》獲得浙江省水利廳科技進步三等獎；1992 年《東港圍塗工程促淤效果對沈家門港航道水流條件影響的初步分析》獲浙江省水利科技進步三等獎。

（4）標準海塘、古海塘加固技術及海塘基礎防沖加固技術取得突破。

標準海塘的確定包括三個方面的內容，即百年一遇的最高水位、歷史上河床高程和 12 級颱風風浪的防禦標準，具備以上三個條件不會倒塘。明清老海塘由於缺乏歷年最高水位的觀測數據，且無統計理論推算百年水位，海塘之前的海床底腳高程也無數據。至 1995 年，錢塘江已連續積累超過 40 年觀測數據資料，有條件進行預測，確定修築標準。

工程技術人員發現錢塘江古海塘塘基偏高、湧潮對塘前沖刷嚴重是威脅海塘安全的主要原因。〔註74〕同時，自然條件惡劣，施工難度大，一直未能找到合適的施工方式。

20 世紀 90 年代開展的錢塘江北岸險段海塘加固工程，對古海塘保護措施進行了重新的設計研究，從而改變了錢塘江海塘「累修累毀，累毀累修」的歷史。至今，歷經多次大的颱風暴潮，並未出現問題，古海塘加固技術獲得成功，並為國家節省了大量維護修築經費。

〔註74〕錢塘江海塘為重力型石塘，塘身之下有木樁支撐。同時，因湧潮兇猛很易將塘腳泥沙沖走，造成樁基裸露。一旦塘基損壞，塘身必將坍塌。

為防止塘腳沖刷，20世紀50年代實施河口段密距短丁壩保灘護岸工程，取得良好效果。但因每日潮汐沖刷，短丁壩損害嚴重。為更好的研究丁壩在保灘護塘作用，及其自身的防護問題，科研人員開展了一系列室內外觀測和試驗，主要研究：丁壩的合理間距、壩田的沖淤幅度和規律、壩頭與壩上游側面及壩根的沖刷、壩體受力及護面板的穩定、各種型式丁壩壩頭的保護作用等。1968年，開展湧潮動壓力分布及過程實測，與北京水科院（想中國水利水電研究院）開展合作，試用深基沉井技術來保護壩頭，《錢塘江水下防護工程的研究與實際》立項，該項技術獲得1989年水利部科技進步二等獎，1991年獲國家科技進步二等獎。1971年，工程技術人員開展陸上預製、水上浮運陳放沉井試驗。根據錢塘江特殊的施工條件，創建便於施工、造價低、適用性廣的「掛樁」結構，作為丁壩壩頭保護的基本型式。為加強對丁壩上游側面的保護，採取安放預製板作防沖牆的保護措施。

除通過丁壩保護海塘外，工程技術人員還試用多種直接方法來保護海塘基礎。改進塘前水平護坦技術，試用拋填或澆築混凝土異形塊體，水下瀝青混凝土，水下不分散混凝土，裝石塗塑鉛絲籠，整體式和鉸鏈式水下模袋混凝土，分裂式少筋混凝土等多種技術。為保護塘基，開展打樁、換樁，高壓噴漿，錨拉井式防沖牆等各種垂直保護措施。尤其是採用長鋼筋混凝土板樁取代老木樁保護明清魚鱗大石塘獲得成功，並試製出多功能打樁機，此項技術安全高效，適合湧潮河口左右，使得古海塘塘基加固技術獲得重大突破。

錢塘江圍堤工程中，長期依賴拋石搶險維護，缺乏根本的保護措施。施工實踐中，研發了錨拉井式防沖牆技術，並應用於標準海塘修築工程。防沖牆技術成為圍堤防沖結構的重大技術突破。

1984年，《錢塘江河口潮漫灘地上水力沖填築堤技術》獲得浙江省水利科技成果三等獎；1997年，《錢塘江海塘基礎防沖技術》獲得浙江省科技進步二等獎、浙江省水利科技進步二等獎。

（5）開展河口水情分析預報。

錢塘江作為浙江省內第一大河，其水情水況關係兩岸工農業生產及人民生活。為此，開展對錢塘江洪水位、暴潮水位、低水位、江水水質的分析預報工作，為兩岸堤塘設計、防汛抗旱調度決策提供科學依據。

科研工作者結合國外相關研究理論，對錢塘江河口沿程江水含鹽度作出日平均值的分析預報，並於1979年完成含鹽度數值計算研究，鹹水物理模型

是國內唯一的鹹水試驗模型。因錢塘江水流紊動性強，為此導出縱向離散系數值隨河口數變化的關係式，所得離散系數值比一般河口採用的量值大 1～2 個數量級。該計算結果與實際情況符合度良好，成為杭州市自來水廠調度及選址的主要依據。「鹽水預測」技術解決了杭州百姓吃鹹水的問題，是科技為社會服務的典範。

伴隨錢塘江防治工程的推進，兩岸經濟社會開發也隨之推進。1984 年，國家在錢塘江河口段（杭州灣）的海鹽縣投資興建秦山核電站。為解決核電站排水、海堤基礎及電站安全等問題，尤其是安全問題。科研工作者對錢塘江潮位預報增大研究難度，計算最高潮位值即天文大潮與颱風風暴潮相遇時將出現的高潮位情況。常規方法是通過實測高水位資料進行樣本分析，但此種情況屬於特例，缺乏實測數據資料。

1980 年，科研工作者將天文大潮與風暴潮增水值分離後分泵作頻率分析，然後用組合頻率的方法求得組合頻率曲線，據此技術不同頻率的高潮位，此計算方法較接近實際情況。杭州灣乍浦站最先採用此法分析其資料，計算結果百年一遇，潮位比用常規皮 III 型適線所得結果高 0.41 米。1989 年，「8923」號颱風在浙江省溫嶺縣松門附件登陸，海門站增水 1.7 米，恰遇農曆八月十六的天文大潮，出現歷史記錄的最高潮位。藉此機會科研工作者進行組合頻率法與常規分析法計算，結果顯示：在暴潮增水顯著地區，採用組合頻率法計算高潮位比較符合實際。〔註75〕20 世紀 90 年代，浙江省水利河口研究院與海洋局海洋預報中心、青島海洋大學合作，對臺風暴潮增水、臺風浪與天文潮作非線性組合計算分析，為秦山核電站二、三期工程基準洪水位的確定和暴潮期潮位預報提供新方法，並取得良好結果。

另一方面，錢塘江杭州段附近高水位受多重因素影響，除與洪水流量、外海潮汐頂托有關外，還受河床高低、斷面大小的影響。因上游新安江水庫建成後對洪水進行調節削峰，加之下游河段大幅度縮窄工程使河道斷面發生改變，致使洪水水位發生變化。科研工作者在對洪水水位成因分析時，充分考慮各方因素，作覆相關分析，同時運用動床模型數值計算，補充實測資料中所缺乏的典型點數據。同時，對人類活動前後的數據，經還原處理使之處於相同基礎。經上級主管部門的審查批准，1980 年數值計算與復相關統計分析方法被用於

〔註75〕浙江省錢塘江管理局、浙江省河口海岸研究所，浙江省河口海岸研究所四十年（1957～1998）〔R〕，錢塘江河口治理九十年，1998：35。

調和分析杭州灣逐日高潮位預報，每年作洪、潮高水位預報為汛期防汛工作服務。與此同時，該方法也應用於其他流域的洪水預警工作。80 年代末期，該方法被應用到對河流低水位預報預報，開始為抗旱工作服務。

1979 年，《錢塘江江水含鹽度預報的研究》獲浙江省科技進步二等獎；1990 年，《浙江省「8923」臺風暴潮綜合調查報告》獲浙江省水利科技進步一等獎，《錢塘江河口閘口以上河段乾旱期低水位預報》獲得三等獎。

錢塘江江道防治工程的開展，不僅取得了良好的經濟社會效益，而且取得眾多專業技術領域的新突破，並很好的踐行「科學技術為社會服務」的理念。與此同時，也造就和培養了大批科研人員，取得眾多科研成果。

5.3.4 強湧潮河口治理理論的發展

5.3.4.1 河口的界定

河口處於河海交接之處，河、海分分界通常有兩種看法：按照海岸線或水下沙灘的界限為劃分依據；另一種，根據河水流動情況進行劃分，河水停止流動處便為河、海分界之所在。依據以上兩種分類方法，可根據河流的大小、含沙量或根據海潮的強弱對河口類型進行劃分。

根據含沙量對河口的影響可分為直接河口和間接河口；直接河口是指只有一個入海口口門，間接河口則形成了幾個支河或只有一個口門。直接河口依據河流含沙量的不同，在河口的海底往往形成沙灘，河口潛伏有沙灘被稱為三角洲河口或攔門沙；若河流含沙量小，湧潮動力強勁，未形成江底淺灘的則稱為單純河口。錢塘江因湧潮動力強勁，攔門沙為形成於河口口門處而是向上游推移，河口段河面向外海漸漸放款，形成喇叭狀。〔註 76〕

根據河口潮汐動力條件的不同，河口可分為強潮河口和弱潮河口。兩類河口的性質和動力條件不同，強湧潮河口的海潮潮水位高低變化很大，弱湧潮河口的海潮高低潮水差變化較小，所採取的治理原則也完全不同。

現代，將潮汐河口分為河口灣型、過渡型和三角洲型三大類。過渡型與三角洲型又可進一步分為三個亞類。錢塘江河口則屬於河口灣型的強湧潮河口。

我國的長江、珠江、黃河屬於三角洲河口，海河河口有攔門沙，長江河口在其支流以外也存在攔門沙。從世界範圍來看，歐洲的多瑙河、非洲的尼羅河、美洲的密西西比河都屬於三角洲河口。歐洲的羅亞爾河（Loire Rive）、易北

〔註 76〕張書農，治河工程學〔M〕，上海：中國科學儀器出版社，1951：42。

（Elbe Rive）、威悉河（Weser Rive）屬於漏斗河口（河口灣型）。〔註77〕世界十大湧潮勝地，分別位於：中國杭州灣口的錢塘江、巴西大西洋口的亞馬遜河（Amazon River）、法國塞納灣的塞納河（Seine River）、加拿大芬迪灣的帕蒂科迪亞河（Petitcodiac River）、英國巴里斯托爾海灣的塞文河（Severn River）、法國吉倫特灣的吉倫特河（Gironde River）、加拿大芬迪灣的舒伯納卡蒂河（Shubenacadia River）、美國的 Turnagain Arm、加拿大芬迪灣的薩蒙河（Salmon River）、印度孟加拉灣的胡格利河（Hooghly River）。〔註78〕

在眾多強湧潮河口中，錢塘江河口的湧潮平均高度可達 2 米，每小時的行進速度達到 25～30 千米，乍浦一帶平均潮差達到 5 公尺。另外，錢塘江河口段是人口密集、經濟發達的地區。而亞馬遜河平均湧潮高度也可達到 2 米，每小時行進速度為 16～24 千米，其兩岸均為沼澤，人類生活居住地離河口段很遠。這就使得錢塘江河口防治工程的難度很大，且沒有可借鑒的經驗防治經驗。中國長江口、海河也有湧潮，但潮汐較小。歷史上，浙江的鼇江、椒江支流永寧江及飛雲江都曾出現過湧潮。

20 世紀初，伴隨水利科技的發展，世界各大流域均在不同程度展開治理開發工程。法國塞納河因航道整治工程，使得湧潮在 1963 年之後消失。加拿大芬迪灣的帕蒂科迪亞河因河道整治工程，1968 年後湧潮高度降至 0.75 米以下。而錢塘江湧潮及河道防治工程在世界範圍內極具代表性。

錢塘江強湧潮河口的防治經驗及防治理論的創立、發展、完善是河口海岸科學研究的重要內容，也是該理論發展完善的重要組成部分。

5.3.4.2 強湧潮河口研究理論

國外河口灣型河口的治理工程多以通航為主要目的，工程措施以疏濬或輔以疏濬為主要方式。萊茵河河口、長江口、密西西比河河口是國外少汉三角洲與擺動三角洲河口成功治理的典範。〔註79〕錢塘江河口因其獨特性，走出了一條獨特的錢塘江防治之路。與此同時，在治江工程開展過程中，展開深入的研究研究工作，為我國強湧潮河口治理理論的發展完善做出了重要貢獻。

〔註77〕張書農，治河工程學〔M〕，上海：中國科學儀器出版社，1951：42。
〔註78〕潘存鴻，淺水間斷流動數值模擬及其在錢塘江河口湧潮分析中的應用〔D〕，上海大學博士學位論文，2007：4。
〔註79〕浙江省水利河口研究院，浙江省錢塘江管理局，強湧潮河口治理關鍵技術研究與實踐〔R〕，2013：15。

　　林秉南對於錢塘江防治成效給予了極高的評價，他認為：「通過治理，增加了新的防洪禦潮屏障；穩定了主槽，改善了排澇和航運條件；緩解了人多地少的矛盾，有力地促進了地區國民經濟的發展，取得了巨大的綜合效益。這項治江圍塗工程，現場積累之豐富，分析研究手段之完備，治理成效之顯著，在我國河口治理中尚無先例，在世界河口治理中也獨具特色。……尤為可貴的是，運用 50 年來連續的現場資料，記述和分析了重大人類活動如新安江多年調節大型水庫對洪枯流量的調節，以及大規模治江圍塗劇烈改變河口邊界條件對河口潮汐水文和江道的影響，取得可貴的實踐經驗，是其他河口難以企及的。」〔註80〕

　　錢塘江河口防治工程所取得的成果是為學術界所認可的，為強湧潮河口治理理論的發展完善做出了重要貢獻〔註81〕。

　　（1）發現了強潮河口錢塘江最重要的地貌單元——沙坎，分析了沙坎的形成條件，即錢塘江河口特殊的邊界條件、來水條件和來沙條件，揭示了沙坎的演變規律，分析了沙坎對錢塘江河口的影響。上述研究成果奠定了海域來沙、強潮河口河床演變的理論基礎。

　　（2）提出了海域來沙、沖淤性強潮河口的演變模式。揭示了徑流、河床、潮汐三者獨特的相互關係，特別是河床對潮汐的反饋作用，徑流具有維持河口生命的作用；分析了長系列連續豐水年和連續枯水年不同的河床演變模式，揭示了流域建庫和治江縮窄等人類活動對河口河床演變的影響，對其他河口的治理具有指導意義。

　　（3）創建了考慮湧潮作用又具普遍意義的強潮河口河相關係式。包括斷面積、河寬、水深與流量、含沙量的關係，河寬放寬率及面積放大率，考慮非恒定流的潮汐河口彎道凹岸水深河相關係式。錢塘江河口潮流動力強，拓寬河道的主要動力是漲潮流，因此，採用漲潮流量和漲潮含沙量代替傳統河相關係式中的落潮流量和落潮含沙量來計算河寬更為合理。

　　（4）提出了湧潮的形成條件、影響因素，揭示了湧潮傳播規律、湧潮特性、湧潮形態的轉化，分析了湧潮水力學結構、湧潮對泥沙輸移的影響、湧潮與工程的相互作用，為湧潮的防災減災和湧潮保護、錢塘江河口治理、涉水工程建設提供了理論依據。

〔註80〕林秉南，序〔A〕，2003，韓曾萃、戴澤蘅、李光炳，錢塘江河口治理開發〔M〕，北京：中國水利水電出版社，2003。

〔註81〕本部分內容參閱：潘存鴻、曾萃，錢塘江河口治理與科技創新〔J〕，中國水利，2011：19～22。

（5）提出了強潮海域來沙河口生態和環境需水量的含義、組成及定量計算方法。錢塘江河口環境與生態需水包括河口輸沙平衡需水、河口禦鹹需水、河口環境需水及河口最小生態需水。河口生態和環境需水量計算成果為錢塘江河口的水資源配置提供了理論依據。此外，還建立了強潮河口江水氯度彌散系數計算公式、挾沙能力公式等。

另一方面，創建了強潮河口保護和治理開發研究應用技術體系在錢塘江河口研究中，不但豐富了強潮河口理論，並且還針對錢塘江河口的自然特性和治理需求，創建了強潮河口保護和治理開發研究應用技術體系。

（1）應用強潮河口河相關係設計規劃堤線，並預報治江縮窄後沿程平衡斷面形態。錢塘江河口治理前河寬較大，尖山河段河寬從12～25千米縮窄到3～16.5千米，規劃堤線可供選擇的空間很大，應用前文提出的強潮河口河相關係並結合其他分析方法確定河寬和斷面積放大率、堤線位置、彎曲河段的曲率半徑，並預測了治江縮窄後沿程平衡斷面形態、河寬、斷面積、水深，以及彎曲河段的主槽位置、凹岸水深等，經實踐檢驗，提出的強潮河口河相關係具有較高的預報精度，已推廣應用到其他河口和海灣的斷面形態預測。

（2）研製開發了考慮河床沖淤影響的動床洪水預報模型。錢塘江河口具有大沖大淤和易沖易淤的沖淤性河床特點，河床刷深時過水斷面面積大，導致洪水位低；反之，洪水位高。不同河床面貌杭州段洪水位可相差1米以上，因此，洪水預報須考慮河床沖淤的動床作用。經過多年的研究和預報實踐，研製開發了兩種預報方法：一是應用多年實測資料得到的合軸相關圖預報方法，該方法綜合考慮了上游洪峰流量、下游潮汐大小（以高潮位作為指標）和河道容積等因素；二是採用動床數學模型預報方法。兩種方法相互印證、相互補充，已應用於錢塘江河口洪水預報20餘年，預報精度能滿足實際要求，在多次洪水調度中發揮了關鍵作用。

（3）研製開發了能模擬強湧潮的錢塘江湧潮數學模型。該模型成功地解決了湧潮模擬中存在的間斷捕獲、非齊次底坡源項的處理、強間斷大流速情況下的動邊界模擬、計算範圍大與計算單元小的矛盾等關鍵技術問題，開發了基於無結構三角形網格具有空間二階精度的二維湧潮數值模型（KFVS格式和Godunov格式），模型具有計算精度高、湧潮分辨率好、計算穩定且守恆等優點；該模型首次準確模擬了湧潮的形成、發展和衰減的全過程，復演了交叉潮、一線潮和回頭潮等湧潮潮景，並進行了湧潮特性和廣泛的實際應用研究，

如錢塘江河口治理方案、治江圍塗工程和橋樑工程等對湧潮的影響研究，同時推廣到潰壩波和海嘯傳播過程的數值模擬。研究成果為錢塘江河口科學治理、湧潮保護發揮了重要作用。

（4）在實體模型中成功地模擬了湧潮形成、傳播和消失的全過程，以及湧潮多樣性景觀；針對錢塘江河口含沙量變化大的特點，研製了能考慮較高含沙量隨潮變化的自動加沙系統；研製了渾水生潮控制系統和自耦式潛水泵；研製了水槽模型中的湧潮生潮系統，並建造了我國第一座湧潮水槽。實體模型為錢塘江河口治理規劃制訂、規劃實施和重大涉水工程建設等發揮了重大的作用。

（5）強潮河口鹹度預報技術。杭州市生活用水 85% 取自錢塘江河口，在每年秋季大潮汛期間取水口常受鹹水入侵的影響，因此進行錢塘江河口鹹度預報具有重要的實際意義。長歷時鹽度預報模型中考慮了天文潮、動床沖淤等對防鹹下泄流量的影響，提出了「大潮多放、小潮少放」的水庫最優放水方式。至今，已為杭州市進行了 30 年的鹹度預報，預報精度滿足實際需求，為杭州市的用水安全作出了重大的貢獻。

（6）提出了適用於強潮河口的海塘防沖技術、護塘工程型式和促淤圍墾工程技術。因錢塘江潮強流急，要實施治理規劃新建海塘和保護已建海塘仍存在巨大的困難。根據多年治江實踐，在實施程序上，逐漸總結出「自上而下，逐步實施」、「先凹岸，後凸岸」、「乘淤圍塗」等治理經驗。高塗採用「以圍代壩」的因勢利導實施方案，低灘採取科學的拋壩促淤圍塗技術，大大加快了治江進程。在拋壩促淤基礎防沖和圍墾施工技術方面，針對錢塘江河口的水動力條件和底沙特性，應用並改進了充泥管袋（或沙墊）基礎防沖技術、砂肋軟體排基礎防沖技術。圍塗築堤時採用泥漿泵充填土工充泥袋代替塊石作為建築材料，適宜於中低灘面上施工，具有施工簡單、速度快、能就地取材及造價低等優點。該技術是 20 世紀 90 年代錢塘江河口治江圍塗技術重大創新。為保護錢塘江河口海塘堤腳防沖，多採用短潛丁壩群，針對錢塘江河口湧潮洶湧、丁壩壩頭保護難的特點，工程技術人員提出了沉井、沉箱、排樁、掛樁等防護工程措施。近年，工程技術人員提出了以柔克剛的樁式丁壩，既保護了塘前灘地，又徹底解決了過去不透水丁壩壩頭保護的難題。

第六章　現代管理體制的建立與演變

　　錢塘江自宋代便形成了專門從事海塘修築和維護的隊伍。此後，海塘管理和維護機構不斷發展完善，至清末形成了較為完善、具有專門建制的管理機構。

　　民國以來，受西方三權分立思想的影響，錢塘江海塘工程局在管理理念和管理體制的設置方面較以往發生了根本性的變革，確立了專家治江的管理理念，在機構的組織和架構方面亦進行了相應的調整和完善，形成了現代管理體制的雛形。

　　中華人民共和國成立後，在沿革以往組織架構的基礎上，根據錢塘江防治工程的現實需求，逐步構建完善錢塘江管理和科研體系，並形成專門的水利科學研究機構。與此同時，基礎科研團隊逐步發展形成專門的基礎科研組織；在以往基礎勘察、測量的基礎上，拓展新的研究領域。

　　本章將首先介紹錢塘江管理機構歷史沿革情況，然後，對現代管理機構的構建、現代管理理念與管理體制的構建展開對比研究，從而全面反映現代管理體制建立與演變的過程。

6.1 錢塘江管理機構的歷史沿革

　　錢江潮素以兇猛聞名古今中外，其兩岸杭嘉湖平原、蕭紹平原等賦稅重地，因地勢低於錢塘江湧潮高潮位 2～4 米，一直受錢塘江北岸海塘保護。一旦錢塘江北岸海塘受損，鹹潮入侵內陸，鹹水隨內河河道可直達太湖平原，造成大片良田鹽鹼化，極大影響賦稅重地蘇、松、常、杭、嘉、湖地區糧食安全。

為保護國家賦稅重地，歷代朝廷非常重視錢塘江北岸海塘修築工程，不惜重金修築海塘工程。明丘濬在《大學衍義補》中論述治國平天下的道理時，曾說：「韓愈謂賦出天下而江南居十、九。以今觀之，浙東、西又居江南十、九；而蘇（州）、松（江）、常（州）、嘉（興）、湖（州）五府，又居兩浙十、九」。〔註1〕由此可知，錢塘江海塘工程的重要性。

據史料記載統計，自唐（618年）至 1949 年的 1331 年間，有史可稽的洪潮漫溢災禍 227 次，平均每 6 年發生一次，其中明、清以及民國時期（1388～1949 年）更為頻繁，平均每 3 年發生一次。特大潮災發生時，範圍遍及杭、嘉、湖、紹、寧各府。〔註2〕明萬曆十五年（1587）七月二十一日寅時（凌晨 3～5 點），錢塘江風潮大起，暴雨如注。此次潮災沖毀海鹽縣縣城城樓、民房廬舍傾倒無數，海塘盡被沖坍，鹹潮入侵內陸，田禾盡毀。〔註3〕「崇禎元年七月壬午，杭、嘉、紹三府海嘯，壞民居數萬間，溺數萬人，海寧、蕭山尤甚」。〔註4〕海塘堤決後，鹹潮沿內河入侵可遠達吳興、嘉善、紹興、餘姚各縣。

為加強管理，保護兩岸安全，自唐代便由地方縣令主持負責海塘修築及維護工程。宋代，由兩浙轉運史、知州（府）主持此事。宋景祐年間（1034～1038），張夏以工部郎中出任兩浙轉運使，全面負責海塘修築工程。同時，為使海塘能夠「隨損隨修」，特設置捍江指揮二千士兵，負責採石修築江塘。這些士兵屬廂軍（地方部隊）編制。1130 年，南宋設置修江指揮，負責海塘日常維護和修築；後又增設修江司、修江所，這些機構成為錢塘江海塘最早的常設專管隊伍和機構，直至南宋滅亡。

朝代更迭，機構調整。明朝大舉興建海塘工程之時，敕命巡撫侍郎、通政司通政、布政使等大員主理其事並專設水利官員，地方由按察使司的副使掌管水利。〔註5〕清初，政府在沿海緊要地區的府、廳設置海防同知（副知府）一員，杭、嘉、紹三府各設一名，負責海塘維護及防禦倭寇。

〔註1〕〔明〕丘濬，大學衍義補〔M〕，文淵閣四庫全書電子版。
〔註2〕陶存煥，錢塘江河口潮災史料辯誤〔M〕，浙江：浙江古籍出版社，2014：5。
〔註3〕〔明〕仇俊卿，全修海塘錄卷二〔M〕，明刻清修補印本，哈佛大學哈佛燕京圖書館珍藏本，1。
〔註4〕〔清〕浙江省地方志編纂委員會編，清雍正朝浙江省通志〔M〕，北京：中華書局出版社，2011：1597。
〔註5〕浙江省地方志編纂委員會，雍正浙江通志〔M〕，北京：中華書局出版社，2001：2077。

圖 6-1　錢塘江邊的堡

　　清康熙、雍正、乾隆年間，清政府不惜帑金修築海塘，並派官兵駐守，海塘日常維護管理日臻完善。隨著政府投入的增加，加之清末政府腐敗滋生繁衍，海塘維護工程中貪污納賄現象嚴重。為加強海塘經費的管理，制止貪腐行為，光緒三十四年（1908）11 月，浙江巡撫增韞〔註6〕提出改革塘制。自此，在海寧州設立了專門的海塘管理機構——海塘工程總局。

6.2　現代管理機構的建立

6.2.1　組織架構的變革與初創

　　民國政府採取西方三權分立政治制度，此政治體制滲透到社會生活的各個領域，由此也揭開了海塘管理機構調整、合併、重組的新契機。

　　隨著浙江區劃的重新調整〔註7〕，南北兩岸海塘的管轄機構也進行改革和調整。北岸的杭海、鹽平段海塘和南岸蕭山、紹興縣內的海塘成立不同的管理

〔註 6〕增韞，字子固，蒙古鑲黃旗人，附生出身，1908 年升任滿清最後一任浙江巡撫。

〔註 7〕民國建立之初，浙江省對所轄縣進行區劃調整，將仁和、錢塘兩縣並稱為杭縣；山陰、會稽兩縣並稱紹興縣；嘉興、秀水並稱嘉禾縣；吳程、歸安並稱吳興縣。參加：中國人民政治協商會議浙江省委員會文史資料研究委員會編，浙江百年大事記〔M〕，浙江人民出版社，1986，120。

機構負責其進行日常維護和管理，組織機構和人員配備也各有不同，海塘管理逐步走上了專業化、科學化管理道路。

北岸海塘管理機構在原有清代海塘工程總局的基礎上進行全面改革，採用近代西方的組織管理理念，在機構的設置和管理上更符合應用工程建設的需要。1912 年重新組建海塘工程局，陳樹棠被任命為局長。該局隸屬於省行政公署，由局長負責全面工作，下設科室；管理區域仍為仁和縣烏龍廟至海寧州談仙嶺，共五十一堡（約三里為一堡）；將六汛裁撤，改為甲、乙、丙、丁四區（區亦如下設的分局），每區設置區官一名，並設置有監工、收料等職位；每區下設四段，每段有管理工一人，工目二人，工夫 4～8 人，統一由區官負責管理；原有海塘警察裁撤。〔註8〕同年 10 月，水利局設立鹽平塘工分局管理海鹽、平湖兩縣塘工，自此北岸海塘的管理權得以統一，海塘修築經費由浙江省政府國庫撥發。

伴隨西方近代水利科技知識的傳入，錢塘江基礎科研工作逐步開展，1913 年水利局設立海塘測量處，負責測量錢塘江兩岸沿塘形勢、水位、流量。近代的水利科學基礎研究工作逐步開展。1914 年改鹽平分局為專局，隸屬於省行政公署。1916 年，海寧塘工總局改為海寧海塘工程局和鹽平海塘工程局。

錢塘江南岸海塘一直由紹興、蕭山兩縣的地方政府負責維護管理。1912 年，南岸設置塘閘局，負責管理南岸兩縣境內的塘閘的歲修和管理工作。一旦需要大規模的修築工程，省裏會派人專門設置塘工局或塘閘工程局負責具體工程，待工程結束即撤走，期間於 1912～1913 年和 1918～1924 年進行過兩次大修。〔註9〕政治動盪，機構多次調整。1926 年紹蕭塘閘工程局設立，局長由浙江總司令和省長委派。紹興、蕭山兩縣的塘閘局改為東、西管理處，下設了 13 個工段，負責尋常的小修和日常管理防護事務。

南京國民政府成立後，浙江省政府面對海塘嚴重失修的境況，再次對南北兩岸的海塘管理機構進行重組。

1927 年，浙江第 21 次省務會議上通過，將海寧海塘工程局、鹽平海塘工程局、紹蕭紹閘工程局、海塘測量處四機構裁撤，改組為錢塘江工程局。同年同年 7 月錢塘江工程局成立，由浙江省政府直接管轄，辦理錢塘江江岸及濬治

〔註 8〕徐世大，海寧鹽平海塘報告書〔J〕，浙江建設月刊，民國十六年，No1：43。
〔註 9〕王世裕編，錢塘江紹蕭段塘閘工程處報告閘港派塞情形並建設廳批令救濟辦法〔J〕，紹興縣修志委員會會刊民國五年，中華民國二十七年，68。

事務。〔註10〕浙江省政府任命林大同〔註11〕為局長，該局工程師及中央職員均經提交省務會議議決通過。〔註12〕同時，錢塘江工程局管理體制也逐步展開重組和構建，接管海寧海塘工程局、鹽平海塘工程局、紹蕭紹閘工程局、海塘測量處等四機構，所有工程項目派員接管，並任用具有水利教育背景的專業人才執掌工程總局和地方工程處。

錢塘江工程局成立後，南岸紹蕭塘工事物也歸併入該局〔註13〕，錢塘江南北兩岸海塘管轄得以統一。省政府提請設置海塘工程局的主要原因：「至築塘岸而不防治身，尤非根本之圖。」〔註14〕錢塘江海塘工程局的成立就是為了根治錢塘江的問題。工程重點由以往的海塘修築和維護逐步轉變為整治江道。

6.2.2 民國時期管理機構的發展

南京國民政府成立後，為加強全國水利建設，保障國計民生的根本，於1928年要求全國各地統一設置水利局。同年3月，浙江省成立浙西水利議事會，負責浙西地區水利工程的修築、水利經費〔註15〕的支出。同年7月，浙江省建設廳向省務委員會提出「擴充錢塘江工程局，組建浙江省水利局」，具體方式如下：設立浙江省水利局；設立杭海段海塘工程處、鹽平段海塘工程處、紹蕭段塘閘工程處，三處受浙江省水利局指揮監督辦里塘岸工程。這項建議被採納。同年8月，錢塘江工程局被擴充改組為浙江省水利局，任命戴恩基〔註16〕為局長。

1930年7月，錢塘江海塘四、五工區出現了險情。因省水利局所轄工程

〔註10〕籌設錢塘江工程局案，浙江建設月刊〔J〕，民國十六年，No.1：53。
〔註11〕林大同（1880～1936年），原名祖同，字同莊，浙江瑞安人。宣統元年畢業於日本東京帝國大學土木工程科。
〔註12〕本廳政務報告（中華民國十六年五六兩月份），關於水利塘工事項〔J〕，浙江省建設月刊，參見：民國浙江史研究中心／杭州師範大學，國浙江史料輯刊（第二輯第一冊），北京：國家圖書館，2009：339。
〔註13〕霍寶樹，浙江省三年來之建設概況〔J〕，浙江省建設月刊，No.37：5。
〔註14〕同上。
〔註15〕浙西水利經費由議事會常駐委員保管，並存入省政府指定銀行進行保管。經費來源於浙西民眾的額外負擔，又地丁附捐、百貨附捐、絲苗附捐等由各縣局上報財政廳，再按月撥發到議事會。參見：呈報議決補充浙西水利議事會章程建議案情形文〔J〕，民國十七年三月十日，浙西水利議事會年刊（十七至十九年），No.1。
〔註16〕戴恩基，早年留學德國，與朱家驊相熟，歷任錢塘江海塘工程局局長、佛山市市長、中國航空公司經理。

太多，無法全面應對。1931 年建設廳廳長石瑛〔註 17〕在省政府委員會第 338 次會議上提出將水利局下屬的杭海、鹽平、紹興三段險塘工程劃出省水利局，另設錢塘江塘岸工程處，直屬於省建設廳，任命林大同為處長。方案得到通過，該工程處同月在海寧正式成立，3 個工程段改為其下屬的修防所。1931 年 1 月，省政府委員會第 452 次會議通過決議，再次將塘岸工程處併入浙江省水利局，修復所恢復舊制。

圖 6-2　1935 年（民國二十四年）浙江省水利局工作人員合影

1935 年 7 月，杭海、鹽平兩段合併為杭平段海塘工程處。1936 年 6 月，因國庫支出困難，省水利局被改組為建設廳水利工程處，各海塘（塘閘）工程處也隨之隸屬於建設廳。〔註 18〕

1937 年 2 月，再次恢復水利局，下設水文測量隊、測候所、杭平段海塘工務所和紹蕭段塘閘工務所。同年 12 月，日軍佔領錢塘江河口北岸。抗戰期間，為節省經費，進行機構簡化。1938 年 1 月，省水利局被併入省農業改進所，成立農田水利工程隊，水利局改為農田水利工程處，所有海塘修築維護工作由轄屬縣負責。同年 7 月，恢復紹蕭塘閘工程處，先隸屬第三行政督察專員公署；次年 1 月，改屬省建設廳；至 1941 年 4 月，紹興城淪陷，該工程處再次解散。因日軍侵略，北岸海塘坍損嚴重。日偽政權曾於民國 27 年成立「浙江省塘工水利局」，至抗戰勝利時解散。

〔註 17〕石瑛（1879～1943），字蘅青，名順松，祖籍湖北興國州永福里朱家畈（今為陽新縣王英鎮）。1904 年，放棄會試，赴比利時留學，繼而轉入法國海軍學校，又入倫敦大學學習鐵道工程。1905 年參加中國同盟會，並在英國組織同盟會歐洲支部，為辛亥同盟會元老。1912 年，孫中山就任中華民國臨時大總統，石瑛擔任秘書。二次革命失敗後，再次赴英國伯明翰大學學習礦冶，獲碩士學位。1922 年回國，歷任北京大學教授、江漢大學校長、武昌大學校長、武漢大學工學院院長、湖北省建設廳廳長、浙江省建設廳廳長、南京市市長、銓敘部部長、湖北省臨時參議會等職。

〔註 18〕何之泰，十年來之浙江水利〔J〕，浙江建設月刊，民國二十六年，Vol.10，No.11：34。

自抗戰以來，海塘年久失修，加之 1938 年的大汛，錢塘江發生潰堤，海水內灌，兩岸百姓深受鹹水之苦。抗戰勝利後，1946 年 1 月成立錢塘江北岸海塘緊急搶修委員會、搶修工程處、蕭山縣南岸海塘搶修委員會和緊急搶修臨時工程處，緊急搶修坍塌海塘。同月，恢復省水利局。同年 4 月，成立浙江省海塘工程緊急搶修委員會和緊急搶修臨時工程處。搶修工程結束後，1946 年 7 月成立浙江省塘工委員會。1947 年，行政院核准設置錢塘江海塘工程局，受水利部及浙江省塘工委員會指導，負責修復和改善錢塘江海塘工程。

1947 年 8 月，錢塘江勘測隊劃歸資源委員會全國水力發電工程總處，設立錢塘江勘測處，並制定《資源委員會全國水利發電工程處錢塘江勘測處組織規程》，確立了組織架構和人員配置。

1949 年 3 月，撤銷浙江省錢塘江海塘工程局，業務併入浙江省水利局，下設杭東區、海寧區、鹽平段、紹蕭段等負責海塘施工和管理的機構。至此，錢塘江海塘工程局結束了與浙江省水利局作為平行單位。

另值得注意是：1908 年浙江巡撫增韞提出塘制改革，建立浙江海塘工程總局，這是浙江省最早的水利專門管理機構，後來的浙江省水利局也是在此基礎上重組建立的。

6.2.3 中華人民共和國成立後管理機構的再發展

1949 年 10 月，中華人民共和國成立後，黨著手接管和整編浙江省的水利機構。除錢塘江水利勘測處仍為獨立機構存在外，錢塘江海塘工程局等餘下水利機關都歸併入浙江省水利局。水利局內部設立秘書、設計、工程、器材四科及總工程師室、水文總站共 6 個科室；海塘方面分別設立五處工程處，分別為：陳文港工程處（包括陳文港工區、尖山工區、海寧修理廠）、杭東區工程處、杭海段工程處、鹽平段工程處、紹蕭段工程處。〔註19〕錢塘江海塘工程管理工作納入到省水利廳管轄。

因海塘工程於浙江乃至全國而言都至關重要，1950 年 8 月再次成立錢塘江水利工程局。該局隸屬於華東軍政委員會建制，暫由浙江省農林廳代管，下設杭東、杭海、鹽平、紹蕭 4 個海塘工程處。

為加強海潮觀測及研究工作，1951 年 5 月華東水利部在杭州設立錢塘江海潮實驗站。該機構由錢塘江水利工程局代管，後併入浙江省水文分站。在此

〔註19〕浙江省水利局，檔案號：J121-001-011，浙江省水利總報告，浙江省檔案館，1949。

後的機構重組過程中，歸併成立浙江省水文局，隸屬於浙江省水利廳，負責全省的水文工作。

伴隨建國初全國機構調整，1953 年 2 月華東軍政委員會撤銷，4 月錢塘江水利工程局劃歸浙江省農林廳。同年，翁家埠江段發生坍江，浙江省政府組織成立翁家埠搶修委員會。在此基礎上成立翁家埠海塘工程處，1954 年工程竣工後該機構也隨之撤銷。同年，浙江省水利局、錢塘江水利工程局被劃入新改組成立的浙江省農業廳。

1955 年 12 月 23 日，經國務院批准，浙江省人民政府第十一次會議決定：1956 年 3 月撤銷浙江省水利局和錢塘江水利工程局，成立浙江省水利廳。在廳機關設立海塘工程處管理海塘業務，下屬四個塘段杭東、杭海、鹽平、紹蕭海塘改稱海塘工務所。

因海塘修築工程規模大、任務重，浙江省水利廳決定將海塘工程處和廳屬工程總隊合併，於 1957 年 6 月成立浙江省水利廳工程局，四個海塘工務所納入工程局管理。次年 6 月，工程局被撤銷，浙江省水利廳設立工務處。1959 年 1 月，裁併工務處，將杭東段海塘工務所（包括蕭山段海塘）劃歸杭州市領導，杭海、鹽平兩段海塘工務所劃歸海寧縣領導，撤銷蕭紹段海塘工務所，將錢塘江南岸海塘的有關管理事務移交給紹興、上虞兩縣辦理。自此，北岸海塘杭州、海寧、海鹽三個海塘工務所的事務交由杭州市、嘉興市和嘉興各縣區地方負責，南岸也由轄區地方負責海塘事務。自 20 世紀 30 年代以來，海塘修築管理再次由統一管理走向地方分散管理。

機構變更一直伴隨著社會需求的發展而發生改變。1960 年，水利部、浙江省水利廳著手準備開展錢塘江治理工程，同年 3 月成立錢塘江海塘工程局，由省人民委員會領導，浙江省水利廳代管，主要負責錢塘江下游近期防治工程的前期準備工作。1963 年 4 月，經省計劃經濟委員會同意，將杭州、海寧、海鹽 3 個工務所由該局代管。1965 年，撤銷錢塘江海塘工程局，成立浙江省水利水電工程局，主要負責省屬水利水電工程基本建設的施工領導和協助指導全省水電工程施工；下設錢塘江治理工程隊，承擔赭山灣防治圍塗任務，並代管杭州、海寧、海鹽 3 個工務所。1970 年 1 月，浙江省革命委員會決定分別下放杭州、海寧、海鹽三個海塘工務所給杭州市和嘉興地區革命委員會。1971 年元月，設立錢塘江海塘工程處，與省水利科學研究所合署辦公，承擔錢塘江河口治理規劃和研究工作，由此正式開啟了錢塘江防治工程的序幕。

1973 年 4 月，浙江省革命委員會以浙革〔1973〕36 號文下達正式成立浙江省錢塘江工程管理局的通知，該局隸屬於浙江省水利廳，全面負責錢塘江的規劃和海塘的維護管理工作。其管轄範圍除北岸杭州、海寧、海鹽三個海塘工務所外，又將錢塘江防治工程隊（屬於浙江省水利水電工程局）劃歸該局。同年 8 月 27 日，浙江省水利電力局撤銷錢塘江海塘工程處，該處與省水利科學研究所下屬的江道、樞紐兩室和海潮測驗隊三單位劃歸錢塘江工程管理局。

為進一步深化研究錢塘江治理工程，1978 年 4 月 14 日成立浙江省河口海岸研究所，與錢塘江工程管理局合署辦公，該局所屬的規劃研究室和測驗隊劃歸研究所。1984 年，改錢塘江治理工程隊為蕭紹工務所。錢塘江管理、科研機構變革情況詳見圖 6-3。

圖 6-3 組織機構示意圖

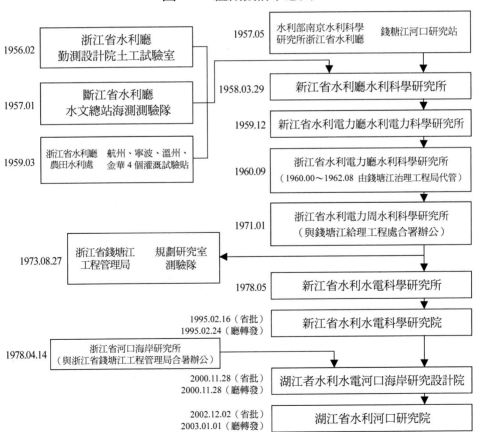

資料來源：浙江省水利河口研究院五十年發展歷程，p8。

20 世紀 80 年代，錢塘江圍墾工程順利開展，同時籌劃修築標準海塘工程。1992 年，浙江省實施《中華人民共和國河道管理條例》辦法，授權錢塘江工程局行使涉水工程建設項目的行政審批權。〔註 20〕同年 7 月 1 日，錢塘江工程管理局改名為「錢塘江管理局」，下設杭州、海寧、鹽平和蕭紹虞四個管理處，該局的管轄範圍再次擴大。此次之所以改名，與錢塘江工程管理局功能的轉化有著莫大關係。據浙江省水利廳老廳長陳紹沂回憶：之所以不提「工程」只講「管理」，就是為了說明該機構的工作不能僅僅局限於「工程」，未來工作的重點是管理好整條流域，加快河口資源開發、利用與保護，強化錢塘江河口綜合管理，讓這條河流繼續為浙江經濟社會的發展做出新的貢獻。

6.3 現代管理體制的建立

6.3.1 清末錢塘江管理體制

光緒三十四年（1908）11 月，浙江巡撫增韞〔註 21〕看到了海塘管理的混亂和貪腐問題，提出改革塘制，仿照西方三權分力制度，制定管理與制衡並存的管理體制。此次塘制改革的具體措施如下：設立海塘工程總局作為專門的海塘管理機構，設立海塘巡警局和塘工議事會作為監督制衡機構。同時，制定相應管理制度，分別為：《浙江海塘工程總局章程》、《浙江海塘巡警局章程》及《浙江塘工議事會章程》。〔註 22〕各機構具體職責如下：

海塘工程總局

《浙江海塘工程總局章程》規定：

第一，海塘工程總局是辦理一切海塘工程的總機關，直隸於浙江巡撫，以杭嘉湖道為督辦，駐省城督飭；遴選廉幹道員為總辦，駐海寧總理局務；總局權限止於工作，而一切呈報應否修築事宜，不得參與。

第二，總局內附設工程一隊，管理修築、防護各項工程事務，隊設管帶官一員，隊官四員，書記長一員，司書生五員，差弁二員，正目四十員，正兵三百六十名，護兵十二員，伙夫四十名。遇有大工，再行填雇。

〔註 20〕浙江省錢塘江管理局百年華誕編撰委員會，世紀輝煌（1908～2008）〔R〕，
　　　　2008：45。
〔註 21〕增韞，字子固，蒙古鑲黃旗人，附生出身，1908 年升任滿清最後一任浙江巡撫。
〔註 22〕增韞，奏請設立中國第一歷史檔案館編，光緒朝朱批奏摺・第 100 輯・水利
　　　　〔M〕，北京：中華書局，1996，935～937。

　　第三，總局的管轄範圍：自仁和縣〔註23〕烏龍廟至海寧州談仙嶺，共五十一堡，共計九百七十五個字號〔註24〕（每號二十丈），加之大、小山圩海塘共一千一百五十六丈。

　　第四，總局內設測繪所，承擔繪畫工程圖式，並測繪關於海塘的一切事宜。繪圖貼說呈報，由正、副測繪委員各一員掌管。

海塘巡警局

　　海塘巡警局是在裁撤三防同知、守備及以下弁兵的基礎上組建的。《浙江海塘巡警局章程》規定：海塘巡警局是為執行巡警事務，稽查防護海塘之機關，直隸於浙江全省警務處，受海寧州監督；對於海塘工程總局有報告其所稽查防護事務之責；巡警局設巡官一員，教習一員，巡記一員，一等巡長二員，二等巡長六員，一等巡警二十名，二等巡警三十名，三等巡警四十名，巡差十名；巡警局下分六個巡所，分駐海塘工程總局下設的李家埠、翁家埠、戴家石橋、鎮海塔、念里亭、尖山六汛〔註25〕，每一巡所各設二等巡長一員，一等巡警二名，二、三等巡警六名。

　　1911年（宣統三年）6月24日，朝廷批准浙江巡撫增韞奏請將海塘巡警局改編為海塘警察公所。同年七月初四，修訂發放《浙江海塘警察公所章程》給各海塘工程局，飭令遵照辦理。其主要內容為：海塘警察公所受海寧州監督指揮，對於海塘工程總局有報告其巡查防護之責，對於工程隊如有違式工作，有稽查糾正之責。設警察官一員，警察長6名；自海塘工程總局工程隊六汛中挑選正兵30名充任警察，書記2名，教練員3員；下設六個警察分所，分駐六汛，每汛挑選排長一名充任海塘警長；李家埠、戴家石橋、鎮海塔3汛各配警察4名，翁家埠、念里亭、尖山3汛各配警察6名。

海寧州內設塘工議事會

　　《浙江塘工議事會章程》規定：塘工議事會是地方特設的議事機構，旨在對海塘工程總局指陳塘工利弊；修築海塘及變，審查工程總局之預算、決算及購置材料款目；對於海塘巡警局有曠棄職務或擾害地方之情形，得隨時質問巡警局，以資糾正，情節嚴重者，具報海寧州或警務處查辦。

〔註23〕仁和縣，今杭州市。
〔註24〕錢塘江海塘是按照《千字文》，去除其中不吉利的字，編制海塘字號。
〔註25〕明清時，錢塘江海塘的維護工作一直由政府派官兵負責管理。清代兵制，凡千總、把總、外委所統率的綠營兵均稱「汛」，其駐防巡邏的地區稱「汛地」。

議事會設議長、副議長各一員，議紳十員，書記二員。議紳由海塘工程總局所管六區，各於距塘二十里以內選舉公證明達士紳二人充之；議長、副議長由議紳互選充之；書記由議長在議紳以往推薦，經多數議紳認可充之。議事會除書記外，皆為名譽職，不受薪水。

自此，海塘管理隊伍由部隊編制改為地方編制。此次塘制改革深受洋務運動的影響，仿照西方設置管理和議事機構。

6.3.2 民國時期的管理體制

1928 年 7 月，浙江省水利局成立之初即制定組織規程，對其直屬部門、組織架構、機構設置、領導數量有著明確的規定。浙江省水利局直轄於省政府建設廳，負責辦理全省水利工程及各項水利興革〔註26〕事務。組織架構及人員配備情況如圖 6-4。

圖 6-4 浙江省水利局組織架構圖

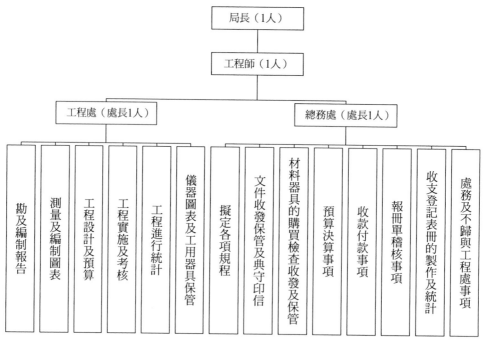

局長負責全局事務，總工程師輔助局長負責專業技術人員管理工作。兩職位人選均由省建設廳向省政府提出申請任命。工程、總務處處長由向建設廳申

〔註26〕「水利興革事務」為原文所用詞語，可見制定政策者已考慮到水利改革（革新）問題。

請任命，工程師、助理工程師、工程員由局長任命。

1947 年，國民政府行政院核准設置錢塘江江海塘工程局，該局專管塘工事務，下設杭海、鹽平、紹蕭三段工程處和 12 個監工所時組織設立塘工局，隸屬省政府，負責辦理海塘永久工程，任命橋樑專家茅以升為局長，汪胡楨、吳壽彭為副局長，邵福旰、馮旦、唐振緒任副總工程師。〔註27〕此次調整將原來的總務處拆分，新增內設設計處、材料處、秘書處、會計處。根據需要，又相繼調整成立採石工程隊、水運隊、汽車運輸隊、機械修理廠、海寧大塘工程處、杭東區工程處、尖山區工程處、南沙工程處、海塘養護總隊、洋灰灌漿隊、海寧區工程處、陳汶港斜坡塘工程處等，全面開展錢塘江搶修、維護及江道整治工程。

1949 年 3 月，浙江省政府對浙江省水利局組織規程進行調整，此次調整規定增設了副局長職位，增設副總工程師 2 人，並為工程師及副總工程師配備秘書；設置科長 4 人，技正 10～14 人，專員 2～3 人，視察 2～3 人，技士 12～18 人，技佐 18～22 人，科員 10～14 人，辦事員 10～14 人，雇員及工程練習員 7～10 人。此次調整設置四科、二室，第一科負責勘查、測繪、設計及水文測量、水工試驗、儀器保管等工作；第二科負責工程的實施、考核、驗收、管理、養護及解決水利糾紛；第三科，負責工程器材的購置、保管、分配、運輸等；第四科負責文書、印信、出納、庶務、塘地租墾及不屬於其他科室的事項；二室分別為會計室和人事室。〔註28〕

從組織架構（圖 6-3）來看，1949 年組織機構調整後，科室的設置是根據現實的實際需求而確定的，各科室分工及管理職責更為明晰。從側面也反映出，民國時期浙江省水利建設所涉及的主要工作內容，及業務拓展情況。

與此同時，為加強和規範管理、確保海塘修築工程質量，設立監督管理部門，制定監督管理辦法。民國時期浙江省先後頒布了《錢塘江塘岸工程處臨時監工處暫行規則》、《錢塘江工程局各段塘工監察委員會條例》。

為監督海塘修築工程所涉及的財物，浙江省建設廳出臺《錢塘江塘岸工程處臨時監工處暫行規則》具體內容如下：

第一條，本處辦理工程，遇地點距區址較遠，或工程重大，原有人員不敷分配時，得呈准建設廳，由處遴派人員，組設臨時監工處。

〔註27〕錢塘江工程局成立〔J〕，浙江經濟，民國三十五年，44。
〔註28〕浙江省政府委員會會議四月二日第九十七次會議，浙江省水利局組織規程〔J〕，浙江省建設月刊，中華民國十七年七月，No.40：15。

第二條，臨時監工處，秉承本處之指揮，辦理下列各事務：

關於包工及點工之監督指揮。

關於工程施行上之指導及處置。

關於材料機具等之收發及保管。

關於材料及工程之檢查收量。

關於日記日報旬報之填具。

關於材料工程等各項單冊之填報，及關係文卷之保存。

第三條，臨時監工處，設主任一人，督率所屬，實地監工；並綜理本處得設監工事務員若干一切事務。

第四條，臨時監工處，得設監工、看工、事務員若干人，其名額由本處視工程之繁簡，擬定預算，呈請建設廳核准施行。

……

本管理條例共十三條，規定了監工處的組織架構、任務職責及相關管理辦法。本規定及監督管理的對象為施工單位，因海塘修築的具體工程採取招標承包的方式，由包工者負責施工。臨時監工處主要監督和管理與海塘修築工程相關的財物發放和使用。

為監督海塘修築技術及海塘修築質量，浙江省建設廳出臺《錢塘江工程局各段塘工監察委員會條例》，條例規定杭海、鹽平、紹蕭三個工程處，每處設立塘工監察委員會；每個委員會設立委員七人，成員由各縣縣長會同縣黨部推舉熟諳水利的六人為委員，杭海、鹽平、紹蕭各縣縣長為主任委員，委員任期為兩年，可以連任；所選委員由各縣縣長呈報省政府，由省政府任命；各段塘工委員會互推常務委員二人，輔助主任委員執行會務；各段塘工監察委員會的職權為：工程計劃的審查，工程經費的複估，工程興修時的視察；工程完竣後的勘驗，工程報銷的審核。……

《錢塘江工程局各段塘工監察委員會條例》共 11 條，明確規定組織的構成、人員的組成、工作職責、修築搶修工程的上報程序、工資待遇等內容。從其工作職責可以瞭解到，該組織主要負責監督審定工程計劃的合理性及工程質量的查驗，是為保障海塘修築質量而專設的機構。各段塘工監察委員會成員由省政府任命，可見地位之高，備受主管機構的重視。

6.3.3 中華人民共和國成立後管理體制

新中國成立後，為從根本上解決錢塘江江道變遷及海塘坍損問題積極組

建專門的研究隊伍，展開科學研究。伴隨治江工程的深入，專門科研部門被建立，實行行政管理與科學研究並行的管理體制。

回顧科研機構創建過程，1957 年 4 月水利部副部長錢正英在杭州主持召開錢塘江下游（河口）防治座談會。此次會議以蘇聯水利專家為組長，彙集河口、泥沙、水文、水工等方面知名中外水利專家近 30 人對錢塘江進行現場勘查後召開座談會，會上一致認為：「錢塘江河口情況十分複雜，在未進行基礎科研前難以確定防治方案。目前，應先建立專業測驗隊伍和科研機構，建議成立錢塘江河口研究站，由浙江省水利廳和南京水利科學研究院共同領導。」同年 5 月，組建成立錢塘江海潮測驗隊，開展河道測量；7 月，成立錢塘江河口研究站，由南京水科所河港室主任黃勝〔註29〕兼任站長，戴澤蘅任副站長。研究站的主要任務：先整理分析錢塘江河口河床、地形和水文實測資料，探明錢塘江河口水文、泥沙運行規律和河床演變規律。1958 年 2 月，國務院同意成立錢塘江河口研究委員會，明確錢塘江河口研究工作交由水利部南京水利科學研究所負責，該所所長嚴愷任主任委員。錢塘江河口研究站的成立，正式開啟了錢塘江全面科學治江時代的到來。

1958 年 3 月，浙江省組建水利科學研究所，代管錢塘江河口研究站，河口站成為該所下設的研究室。同時，將成立於 1956 年的浙江省水利廳勘測設計院土工實驗室及農田水利處，1957 年成立的錢塘江海潮測驗隊一同併入水科所，組建了一支從事錢塘江河口勘測、設計及研究的專業隊伍，為治江工程的開展搭建平臺。與此同時，位於錢塘江上游的新安江水電站即將完工，大批建設設備、人員如何安置成為水利廳不得不考慮的問題。為此，於 1959 年，浙江省水利廳制定了《錢塘江下游綜合防治工程初步規劃方案》，方案中提出修建七堡水利樞紐工程。該方案獲得周恩來總理的批准，並由浙江省省長周作人擔任錢塘江治理委員會主任。1960 年 3 月，特重新組建錢塘江海塘工程局，全面負責海塘修築及江道防治工程，代管水利電力廳水利電力科學研究所。〔註30〕後續因尚未技術難題無法解決，七堡樞紐工程暫停上馬，所有人員重修安排。與此同時，錢塘江防治工程基礎科研工作一直持續開展，南岸赭山灣治理工程也在進行當中。

〔註29〕黃勝，男，江蘇海門人。南京水利科學研究院高級工程師，博士生導師。1942 年畢業於中央大學水利系，與戴澤蘅是大學同學。

〔註30〕因浙江省水利廳與電力廳合併，1959 年 12 月浙江省水利廳水利科學研究所更名為浙江省水利電力廳水利電力科學研究所。

　　20 世紀 60 年代末，國家困難，百姓生活困苦，加之政治運動，大部分科研人員受到衝擊。此時，擔任浙江省水利廳革命委員會主任的鍾世傑提出開展蕭山圍墾工程，得到部分當地幹部和百姓的支持，由此開啟了錢塘江南岸大規模的圍墾建設。在此過程中，科研人員逐步認識到圍墾治江有助於穩定江道，這與歷史上開展的防治工程有類似之處，但圍墾範圍和紅線在哪裏需要科研人員確定。正因治江圍墾工程的開展，部分科研人員經歷短暫的政治運動後重新回到科研崗位。期間也進行了機構調整：1971 年 1 月，錢塘江海塘工程處〔註31〕與浙江省水利電力局水利科學研究所合署辦公，實行「一套班子，一套人馬」；1973 年 4 月，錢塘江防治工程處更名為錢塘江工程管理局，將負責河口治理的規劃研究室、測驗工作隊從浙江省水利科學研究所劃入該局；1978 年 4 月，組建浙江省河口海岸研究所，主要負責錢塘江河口治理，兼顧其他河口與海岸帶的研究工作。由此，負責錢塘江河口治理的專業科研機構正式成立，錢塘江工程管理局成為行政主管單位。21 世紀以來，兩家機構在名稱上又有過多次調整，職責範圍也有所變化。2020 年，科研單位管理機制由早期的院長負責制改為書記負責制。

　　在不同發展階段，組織機構進行了相應的調整，人員編制、組織設置也不斷變化。1971 年，重新組建的錢塘江治理工程處與浙江省水利電力局水利科學研究所合署辦公，單位統稱浙江省水利電力局科學研究所。水利科學研究所下設有政治科、辦公室、江道規劃室、工程規劃室、水工滲流試驗室、土工材料試驗室、錢塘江測驗隊。此時，共有職工 187 人，其中工程技術人員117 人。

　　此時正處於「文化大革命」時期，單位領導層為革委會主任、革委會副主任、黨支部書記。1973 年之後，機構進行再次調整。錢塘江治理工程處撤銷，組建錢塘江工程管理局。此時，設立了臨時黨總支書記、臨時黨總支副書記負責單位的管理工作。這是特殊歷史時期所實施的特殊的管理層設置。

　　與新中國整體組織機構的調整相伴，錢塘江工程局及其下設塘工段與浙江省水利局歷經多次分合調整。直至 1973 年 4 月，浙江省革命委員會以浙革〔1973〕36 號文下達正式成立浙江省錢塘江工程管理局的通知，該局隸屬於浙江省水利廳。至 1992 年 7 月 1 日，錢塘江工程管理局改名為「錢塘江管理局」，

────────────────

〔註31〕1965 年 8 月，錢塘江治理工程局再次併入浙江省水利電力工程局；1971 年 1 月，重新組建浙江省錢塘江治理工程處。

將杭州、海寧、鹽平和蕭紹虞四個管理處的管轄權收回，南北海塘管理再次統一。本次單位名稱由「工程」改為「管理」，與單位功能的轉變有著莫大關係。20 世紀 90 年代，錢塘江的管理與科研部門再次歷經多次的重組、合併。2000年，錢塘江的管理和科研部門正式分家，分別負責錢塘江的管理和科研工作。浙江省錢塘江海塘管理局作為省水利廳直屬單位負責錢塘江河口段的河道管理、海塘建設管理、防汛搶險及其他管理工作。浙江省水利河口研究院作為科研單位，其下設的河口海岸研究院主要從事錢塘江河口的科學研究工作。與此同時，兩個單位組織機構不斷發展壯大。

現今，浙江省水利河口研究院和浙江省錢塘江海塘管理局均實行黨委領導下的局長（院長）負責制，如圖 6-5 和圖 6-6。同時，局長或院長兼任黨委副書記，黨委書記兼任副局長或副院長。1997 年浙江省水利河口研究院實行「一院兩制」的管理體制，即允許事業單位參與市場經營，以經營收入反哺科研發展。

圖 6-5 浙江省水利河口研究院組織架構圖

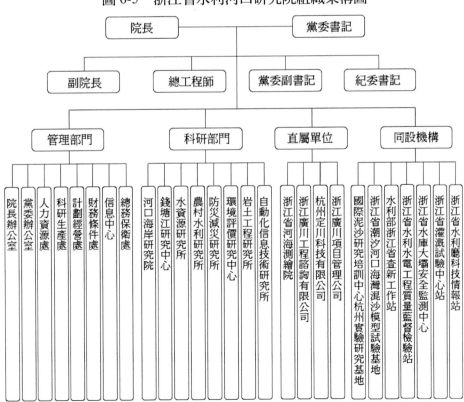

圖 6-6　浙江省錢塘江管理局組織架構圖

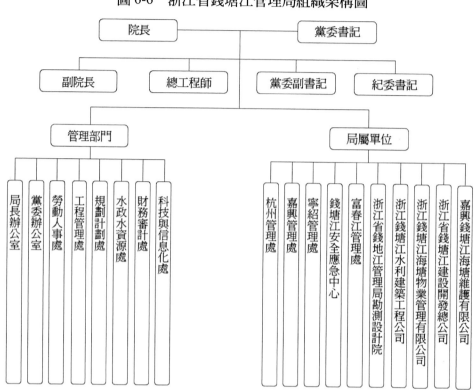

6.4 管理理念變革

6.4.1 清代管理理念

　　1908 年，受西方三權分立思想的影響，浙江巡撫增韞著力構建一個完善的管理、監督及議事機構，使海塘工程管理可以清廉、高效的運行，於是成立了錢塘江海塘管理機構、巡警機構及議事會海塘總局的設立明確海塘管理的區域、人員的配置、主要職責、從屬關係，有利於海塘修築工程的開展及維護；同時設立測繪機構，這是對海塘修築管理體系認證的一大進步，明確認識到測繪工作的重要性，雖然尚無現代測繪手段及技術的應用。

　　海塘巡警局的設立有助於加強對海塘的監護與管理，從傳統的軍隊管理轉入地方管理。這種變化反映了海塘防護功能悄然發生變化，已有軍事防禦功能轉做全面的防潮禦洪的民用功能。海塘巡警局除巡檢海塘外，還有監督海塘總局的職責。

　　海塘議事會的成立是錢塘江海塘治理機構的一大進步，它將民間力量吸收到管理體系中，充分發揮了當地士紳的作用，且無需支付費用，是非常值得借鑒的管理體制。當地士紳在海塘修築和防護工程中發揮了巨大作用，尤其是民國中後期抗日戰爭爆發後，面對坍損的海塘，地方士紳多次出錢出力組織當地力量搶修海塘。另一方面，海塘議事會最為重要的作用是監督，監督海塘工程總局海塘修築過程中是否有營私舞弊之行為，監督海塘巡警局是否有怠工、欺擾地方的行徑。此舉措和管理方法是海塘管理監督制度的重要措施，體現了地方力量參與監督海塘修築工程的思想。

6.4.2 民國時期管理理念

　　民國時期，錢塘江防治工程除不斷調整、完善海塘管理機構外，在組織架構上確立了專家治江的格局。

　　自 1927 年後，從事錢塘江治理及海塘工程的歷任局長、總工程師，包括機構改組後浙江省水利局局長均為專業技術領域專家，接受過良好的水利專業教育，且大部分均有留學經歷，熟悉西方水利科技的發展動態。

　　現對民國時期錢塘江海塘工程局和浙江省水利局歷任局長的情況加以統計介紹，詳見表 6-1。除這些行政主管領導有著專業的技術背景外，各部門、塘段的負責人也均為水利專業出身，1928 年浙江省水利局組織規程中明確規定，由專業工程技術人員擔任工程處處長，其下轄的杭海段海塘工程處、鹽平段海塘工程處、紹蕭段塘閘工程處負責人也必須為專業出身的工程技術人員，另配備有助理工程師。〔註32〕如：杭海段工程師須愷、海塘緊急搶修工程處處長馮旦、錢塘江海塘工程局副總工程師兼設計處處長唐振緒等，亦有國外專家在此任職參與海塘修築及治江工程。

表 6-1　錢塘江海塘管理工程歷任領導

機構名稱	主要負責人			簡　歷
	職　務	姓　名	任　期	
浙江省錢塘江工程局	局長（署）	林大同	1927.7～1927.12.01	1880～1936 年，原名祖同，字同莊，浙江瑞安人。畢業於日本東

〔註32〕浙江省政府委員會會議四月二日第九十七次會議，浙江省水利局組織規程〔M〕，浙江省建設月刊，中華民國十七年七月，No.40：15。

			京帝國大學土木工程科。歷任浙江水利委員會技正兼主任、錢塘江工程局局長，1931 年（民國二十年）任錢塘江塘岸工程處處長兼浙江省水利局局長，民國十六年十二月一日被免去局長職務，由周象賢接任。
局長	周象賢	1922.11～1928.4	1885～1960 年，別名企虞，浙江定海人。1910 年考取「庚子賠款」生赴美留學，與宋子文、胡適、趙元任同期，就讀於麻省理工科大學和加利福尼亞大學。畢業回國後隨宋子文在漢冶萍公司任職，旋入北京大學任教。畢業回國後隨宋子文在漢冶萍公司任職，旋入北京大學任教。1922 年1 月，任揚子江水道討論委員會下設揚子江技術委員會委員；同年 11 月，人浙江省錢塘江工程局局長。此後，曾任杭州市市長。
總工程師	程文勳	1928.1～1928.3	資料不詳（筆者根據掌握資料推測：此人可能是程韋度（1884 年～1967 年）名文勳，字韋度，無錫東亭鎮人。早年就讀南洋公學（上海交通大學前身），光緒二十九年（1903 年）南洋公學派畢業生，赴比利時列日學地質開礦。丁文江主政淞滬商埠督辦公署（市政府）時，被任命為公務處長。後至淮南礦路公司（淮南煤礦）工作。）
兼代總工程師	徐世大	1928.3～1928.4	1895～1970 年，字行健，浙江紹興人，1917 年畢業於北洋大學，後赴美深造，回國後任河海工程專門學校教師。1928 年 7 月至 1938 年，任華北水利委員會常務委員，工務處處長；1939 年任華北水利委員會處長兼總工程師；期間 1929～1930 年，曾任浙江省建設廳視察、技正，浙江省錢塘江工程局總工程師、兼代局長，浙江省水利局工程處處長兼副總工程師。1946～

				1949 年，任錢塘江海塘工程局局長；1946 年曾任揚子江水利委員會委員。1949 年後去臺灣。
	局長	戴恩基	1928.4〜1928.9	1894 年生，廣東人，英文名 Tai En-chi。1914 年前後赴德留學，獲德國工程大學博士學位。學成歸國後，任教中山大學。1928 年錢塘江工程局、浙江省水利局局長。1932 年擔任中國航空公司總經理直至 1937 年抗戰爆發。
浙江省水利局	局長	戴恩基	1928.9〜1931.3	同上
	總工程師	Ludwig Brandl	1928.12〜1931.3	畢業於奧地利職業大學，曾任職多瑙河水利委員會主任。1928 年任錢塘江水利局總工程師。1932 年受聘前往揚子江水利委員會工作。後前往黃河從事黃河防治工程。1939 年前後回國，繼續致力於多瑙河的研究工作。
浙江省錢塘江塘岸工程處	處長	林大同	1931.3〜1932.2	同上
浙江省水利局	局長兼總工程師	張自立	1932.2〜1936.1	1895〜1977 年，自若岩，湖南安化人。畢業於美國伊利諾斯大學鐵路土木系。歷任京綏鐵路、順直水利委員會、漢口水電公司、建設委員會水利處副處長，浙江省水利局局長兼總工程師，曾兼任中國水利工程學會總幹事、浙贛鐵路局代局長、局長。
	局長	周鎮倫	1936.1〜1936.6	1890〜1969 年，浙江衢州人。1912 考入北洋大學土木工程系，畢業後前往福建任閩江疏濬工程師。1916 年赴美留學。歷任國民政府首都建設委員會技正、浙江省建設廳副總工程師、水利局局長兼氣象測候所主任、浙江大學教授，並輪值主編中國水利工程學會會刊《水利》。1938 年，避居澳門，後擔任香港建築設計師。

浙江省建設廳（水利工程處）	廳長	伍廷颺	1936.6～1936.12	1893～1950 年，自展空，梧州（今玉林）容縣人。畢業於廣西陸軍速成學校第一期炮兵科，曾任國民革命軍師長、中將。1935 年 12 月調任浙江省政府（主席黃紹竑）委員兼建設廳長。1936 年 12 月 18 免去本兼各職。
	處長	周鎮倫	1936.6～1936.12	同上
浙江省水利局	局長	何之泰	1937.1～1937.12	1902～1970 年，字叔通，浙江龍游人。1926 年畢業於河海工科大學，任錢塘江水利局技正。1930 年赴美留學，獲康奈爾大學土木工程碩士、愛荷華大學水利工程博士學位。1933 年回國，任中央大學教授，全國經濟水利委員會水利處技正等職。1937 年，任浙江水利局局長。1950 年後前往湖南大學任教授、院長等職務，兼任南京長江水利工程總局顧問。1950 年 7 月，任長江水利委員會副總工程師，57 年起任長江水利科學院院長。在水力學、河流泥沙方面造詣很深。
浙江省水利局	局長	孫壽培	1946.1～1947.7	1899～1978 年，江蘇無錫人，又名孫鳳悟。1920 年畢業於南京河海工程專門學校。曾任上海慎昌洋行建築部計劃員，揚州江北運河工程局技正，西安黃河水利委員會技正，浙江省水利局代局長。1949 年後，歷任浙江省水利局顧問工程師，淮河水利工程總局副處長，治淮委員會副處長、處長、安徽省水利廳副廳長等職。
浙江省錢塘江海塘工程局	局長	茅以升	1946.8～1948.8	1896～1989 年，字唐臣，江蘇鎮江人。1916 年畢業於唐山工業專門學校；1917 年獲美國康奈爾大學橋樑專業碩士學位；1919 年，獲卡利基—梅隆理工大學博士學位。長期從事教育、橋樑、水利工程研究工作。錢塘江大橋設計者。

副局長兼總工程師	汪胡楨	1946.8 ～ 1948.8	1897～1989，浙江省嘉興人。1917年畢業於南京河海工程專門學校（現河海大學），後留學美國，1923 年獲康乃爾大學土木工程碩士學位。
副局長	吳壽彭	1946.8 ～ 1948.8	1906～1987 年，生於無錫，號潤佘，1926 年畢業於現上海交通大學機械工程系，1929 年東渡日本考察「明治維新成功的緣由」尋求強國富民之道，先後在江、浙、湘等省軍政機關任職，曾任海塘緊急工程處處長，工程局副局長，又先後在北京、青島等地任鐵路、水利、航業、化工、有色金屬等企業中任專業工程師。精通古希臘文，翻譯了亞里士多德等人的作品。
局長	徐世大	1948.9 ～ 1949.3	同上
浙江省水利局　局長	孫壽培	1949.4 ～ 1949.5	同上
總工程師	陳昌齡	1949.4 ～ 1949.5	1947 年 7 月 26 日，曾任華北水利工程總局技正。〔註33〕

　　通過對表中內容進行分析，我們可以看到以下特點：

　　第一，政治因素影響下的掌門人的選取。錢塘江海塘工程局、浙江省水利局局長、總工程師的人選受政治因素的影響較大。以 1931 年為界，此前中國政局由親德派主導，此後由親英美派主導，這在錢塘江海塘工程、浙江省水利局負責人的任職及其背景方面有著真實的反映。南京國民政府成立之前，周象賢任職時間最長達到 6 年（1922 至 1928 年），此時國內政局尚不穩定，周象賢留學美國，與宋子文、胡適、趙元任等人同期，回國後追隨宋子文；周離任局長一職後便升任杭州市市長。南京國民政府成立後，首任局長為戴恩基，任職時間為 3 年。筆者對戴恩基的履歷追蹤發現，他一生追隨朱家驊，與朱同樣曾留學歐洲，而白朗都則為戴恩基在職期間所聘任奧地利籍總工程，其任期與戴基本重合。此階段，正值親歐、德派主政中國大局。1931 年，張自立任局

――――――――――

〔註33〕資料來源：中央研究院近代史研究所，近現代人物諮詢整合系統。

長，不再續聘白朗都，由此白離開錢塘江前往揚子江任職。張自立畢業於美國
伊利諾斯大學鐵路土木系。此時親英美派開始走上中國政治舞臺，並占主導
地位。

第二，專業的科學訓練。1936 年以前歷任局長、總工程師均接受海外教
育。1936 年之後，隨著國內水利教育的起步發展，中國本土培養的工程技術人
員開始走上領導崗位，畢業院校主要是北洋大學土木系和南京河海工科大學。

第三，學科背景的多樣化。1936 年以前，水利科學的學科體系尚未系統
建立。各主政者以學地質、鐵路等工程科為主。1936 年之後，主政者則主修
土木工程、水利工程專業。這是受學科發展、國家需求等多因素影響和主導的
結果。

第四，重視實幹精神。此表中唯一未受過專業科學訓練的負責人，為 1936
年 6 月至 12 月任職的伍廷颷。筆者通過深挖伍廷颷的個人履歷發現，此人雖
為行伍出身，但是對地方建設有著獨到的認識和建樹。他倡導興建設、辦實
業，為振興國家實業建設、發展民族經濟立下了汗馬功勞。1935 年 12 月，任
浙江省建設廳廳長。此前，他曾任職廣西，任職期間，主持修建了柳石路（柳
州第一條公路）、魚峰路、文筆路、駕鶴路等公路；創辦了柳江農林試驗場、
柳江公醫院（柳州第一座西醫院）、柳江圖書館（柳州第一家面向社會開放的
新型圖書館）、柳江平民工廠、柳江日報（柳州官辦公開發行的第一份報紙），
在柳州首開其先河；倡辦了廣西酒精廠（曾被譽為「中國創辦酒精業最大而最
早者」）、柳州機械廠、柳州磚廠、電力廠、製革廠等，使柳州一度成為民國時
期廣西的工業中心；在帽合山修築了柳州第一座機場；招募北流、容縣等地農
民到柳州沙塘、無憂、石碑坪三地移民墾殖，建設新農村，等等。其對柳州社
會經濟發展的貢獻，成為他主政浙江省建設的主因。當然，也與黃紹竑擔任浙
江省政府主席有著莫大的關係。

6.4.3 中華人民共和國成立後的管理理念

中華人民共和國成立後，為從根本上解決錢塘江江道變遷及海塘坍損問
題積極組建專門的研究機構和研究隊伍，展開相關科學研究工作。該管理理念
的確立，在錢塘江治理工程中發揮了巨大作用，科研機構的建立，實現了管理
與科研並重的管理體制，由此掀開了錢塘江治江史上強湧潮河口科學研究的
新篇章，錢塘江的管理體系得到進一步的發展和完善。

　　回顧科研機構建立的過程，1958 年 2 月，國務院同意成立錢塘江河口研究委員會，隨即組建成立錢塘江河口研究站，正式開啟了錢塘江全面科學治江時代的到來。由此，通過機構的合併，逐步組建了一支從事錢塘江河口勘測、研究的專業隊伍，為治江工程的順利開展奠定了良好的組織基礎。

　　在錢塘江管理和科研機構發展演變過程中，不同社會形勢下，根據錢塘江防治工程的不同發展階段，管理機構的組織架構進行著持續的調整。但是，自民國以來確立的專家治江的理念並未改變。值得注意的是：中華人民共和國成立後，從事錢塘江河口治理的工程的專家均為中國本土培養的專家，並無海外教育經歷，如戴澤蘅、李光炳、韓曾萃、潘存鴻等等。

　　現今，錢塘江海塘管理局和浙江省水利河口研究院作為從事錢塘江管理和科研的兩個主要單位，分別承擔了不同的職責和責任。錢塘江海塘管理局負責錢塘江河口段河道管理、海塘修築維護及其相關管理工作；浙江省水利河口研究院下設的河口院負責錢塘江河口段的科學研究工作。因兩個單位的職責不同，其發展路徑、管理理念存在著較大的差別。

　　錢塘江管理局作為參公事業單位，主要行使管理和維護職責，行政管理力度和行政管理機構成為主體。現今，錢塘江海塘管理局發展為擁有 8 個局內設機構和 10 家局屬單位從事錢塘江管理的綜合體。

　　浙江水利河口研究院作為科研機構，強調科研實力的構建，其主體部分為從事科學研究和技術服務的專業人員。至 2006 年底，該院在職職工 422 人，其中技術人員 355 人（教授級高級工程師 21 人，高級工程師 65 人，工程師 136 人）。〔註 34〕現今，該院已發展擁有 24 個下設機構，10 個內設機構的科研、技術服務的綜合體。

　　中華人民共和國成立後，組織管理理念的形成、發展是為了滿足治江工程的現實需求而不斷調整。總結這一時期的管理理念，筆者認為最為重要的是：設立專門的科研機構、堅持專家治江，這一方略保障了錢塘江防治工程的順利開展；在治江工程中積累科研成果的同時，科技實力的增強使單位拓展出新的研究領域，實現科技服務社會，科技的進步反哺單位發展，使科研單位能夠適應社會發展需求，創造新的社會價值，也使科研工作者拓展出新的研究領域和研究方向。

〔註 34〕浙江省水利河口研究院五十年發展歷程〔R〕，2007：3。

第七章 防治工程的經費投入與產出效益

　　民國以前，修築海塘成為主要的防禦措施，海塘修築工程靡費金錢，非一時一地一省能夠承擔，需國庫帑銀予以支撐，至清代海塘修築工程成為國家工程。

　　清政府投入大量資金修築完成魚鱗大石塘，但仍需列支歲修、月修、搶修等日常維護經費，資金投入量甚巨。清朝末年因國力衰竭再無力開展海塘大修工程，至民國時期海塘坍損已十分嚴重。面對巨大的海塘修築和維護經費，民國時期提出錢塘江治本工程的設想。在此思想的影響下，錢塘江不再單單依靠修築海塘這一「防守」方略，而是積極探求「治」這一治本方略。民國以來開展的錢塘江防治工程，即涉及海塘修築（防守）費用，也涉及江道整治（治理）費用。

　　中華人民共和國成立，沿襲了民國時期形成的防治理念，「防」「治」結合開展治江工程。伴隨著科技的發展，防治工程採取「以防代治，防治結合」的治理理念，錢塘江防治工程經費的投入涉及到江道治理費用和海塘修築費用兩個部分。而圍塗治江方略的實施，使得錢塘江防治工程收穫了因江道整治而衍生的副產品，即圍墾獲得大片土地，實現了錢塘江防治工程效益的溢出。

　　本章通過分析民國以來防治工程的資金投入情況，尤其是基礎科研、海塘修築、防治經費的資金投入變化，來反映和印證錢塘江防治工程的開展情況。另一方面，防治工程實施完成後，錢塘江南北兩岸圍墾了大量土地，創造了

諸多社會經濟效益。通過數據分析，本節將介紹錢塘江防治工程所帶來的防洪禦潮效益、圍墾效益、社會效益和環境效益。

7.1 海塘修築經費的構成

清代，海塘修築經費與軍費、宮廷費、河工費並列為六大財政支出，並明確規定海塘工程修護經費的投入，將其分為日常歲修經費和大修經費。歲修經費由當地政府每年固定撥款，因錢塘江海塘工程保護著蘇松常杭嘉湖七郡百姓的安危，所需經費甚糜，非一省之力能夠完成，每遇大修，地方政府需申請國帑支持。

1927 年，錢塘江工程局成立，總理全省水利規劃事宜，當時以每年一千萬元為度作為水利事業經費。[註1] 緊急搶修工程另行向省府申報資金。

1927 年省政府取消海寧、海鹽、紹蕭塘工局，合併成立錢塘江工程局，海塘工程的行政管理權得以統一。同時，設立杭海、鹽平、紹蕭三個工程處，每個工程處下設工區。此時，海塘工程的日常維護費用可分為四個部分：歲修、月修、搶險、工程隊日常支出。經費自 1927 年開始形成定制，按月發放。

（一）歲修經費用於海塘的大修。海塘歲修工程，民國初期並沒有固定的專款下撥。每遇到大的修築工程，臨時向省政府呈報請求撥款，省府再派人員監督修築。1928 年，錢塘江工程根據對三段海塘勘查的結果，對海塘修築中的緊要工程進行估計，制定預算上報省政府，希望按月撥發，以預備修塘材料。經省政府核准，1928 年度歲修經費為十八萬九千二百元，按月支領，分撥給三段塘工處，用於大型的海塘修築工程。此後，按此例歲修經費一直下撥，只是每年的金額有所變化。

（二）月修經費用於小修。杭海、鹽平兩段月修經費原為每月一千元。1928 年，因此前各段海塘失修已久，每經過一次潮汛，坍塌區域就擴大一次，如積聚時間過久，修築所修經費更多。為此，錢塘江工程局擬訂各段月修所需的經費，呈報浙江省政府按月發放。經浙江省政府批准，1928 年，杭海段月修經費為六百元；鹽平段為伍佰元；紹蕭段為二百元。此後，月修經費得以確立。

〔註 1〕本廳政務報告（中華民國十六年五六兩月份），關於水利塘工事項〔J〕，浙江省建設月刊，參見：民國浙江史研究中心／杭州師範大學，民國浙江史料輯刊（第二輯第一冊）北京：國家圖書館，2009，48。

　　（三）搶修因海塘工程每日受潮汐衝擊，以及山洪水的沖刷，屢次坍塌。且浙江沿海常有颱風，怒潮到來瞬息衝垮海塘，因此設立搶險工程，也是最為要緊的工程項目。此項工程經費一直都按時撥發，按照每月一千一百元的標準發放，但僅限於杭海、鹽平兩段，並不包含紹蕭段。1928 年，錢塘江工程局分別擬定各段搶險經費，呈報省政府按月發放。經省府核准，每月杭海段搶險經費為六百元，鹽平段為伍佰元，紹蕭段為二百元。

　　（四）工程隊。明朝時，錢塘江海塘已有專職塘夫 150 人；清雍正十三年（1735 年），設立海防兵備副使道，負責海塘維護工程，預防臨時搶堵一線長堤，設有堡夫 400 人；〔註2〕清末改為工程隊，並增加警察 100 人，負責巡查。〔註3〕民國 16 年，海寧、鹽平、紹蕭工程局併入錢塘江工程局，對三處工程隊的經費有明確的規定。杭海、鹽平工程隊經費每年 11040 元，紹蕭段工程隊每年 4500 元。此時，杭海段分為 4 個小隊，鹽平及紹蕭段分為 3 個小隊；每隊設隊長 1 人，由區工程員擔任；工目 1 人；工夫 9～30 人，根據經費的分配及組織搶險，各段有所不同。根據實際工作情況，來確定工目和工夫的多少。1927 年，杭海段共有 90 人，每月支出經費 690 元。其中，工目分為一、二、三等，每月工資〔註4〕13～18 元／人；工夫每月工資 6～9 元／人。鹽平段共計有 30 人，每月支出 230 元。工目每月工資 13～14 元／人，工夫每月 7 元／人。紹蕭段有 33 人，工目每月工資 15 元／人，工夫每月工資 10 元／人。

　　1927～1928 年海塘修築各項日常經費統計如下：

	海塘歲修費用	月修經費（年）	搶修費用（年）	工程隊日常費用（年）
杭海段		7200	7200	11040
鹽平段	189200	3000	3000	11040
紹蕭段		2400	2400	4500
合　計	189200	12600	12600	26580

〔註2〕〔清〕方觀承纂，敕修兩浙海塘通志凡例，馬寧主編，中國水利志叢刊〔M〕陸貳，揚州：廣陵書社，2006，3。
〔註3〕〔清〕增韞，浙江巡撫增韞奏海塘新工起限修築勘估辦理情形摺〔J〕，政治官報摺奏類，民國十二年，No.1060：270。
〔註4〕民國時期，稱為「工食」。

7.2 民國時期經費來源及管理

　　錢塘江海塘工程一直被清政府視為東南要務，但海塘修築需國家投入巨帑，非國力充盈之時而不能為。但是，「修築海塘歷來皆隨坍隨修，至康熙五十七年，巡撫朱軾奏請：逐年將修築工段用過帑金據實報銷，而歲修之名肇此矣。雍正六年，督臣李衛奏請將一時驟決不可緩待之工，先行搶築，隨後奏聞，而搶修之名……」。〔註5〕康熙五十七（1718 年）後，御批每年由省庫撥銀二十二萬兩用於海塘的日常修築和維護；雍正六年（1728 年），形成搶修的定例。清光緒末年，海塘歲修經費為十七萬四千兩。隨著清政府的逐漸衰落，自清同治四、五年大修之後，再無大修工程，僅以日常歲修為主。每年歲修經費為十七萬四千兩白銀。〔註6〕1909 年，海塘坍塌嚴重。同年，巡撫增韞請在歲修額款之外增撥六十萬兩，每年十五萬兩，分四年劃撥，以修復緊要塘工。〔註7〕但江塘的修築一直由民間自發組織，一般由地方政府通過徵收閘捐，作為海塘修築經費留用。浙江巡撫增韞請奏大修海塘，申請修築經費60 萬兩白銀。〔註8〕

　　1913 年，浙江民政長在答覆省議會質詢時曾云：「查浙省塘工關係江浙兩省，工程浩大，需費不貲，決非地方稅力所能負擔，現已劃歸國家預算」。後又認為「塘工經費為修築海塘，保衛田廬所用之經費也，故屬於地方行政經費，然於地方上有莫大之工程，附加之地方稅有不敷時，往往由國庫補缺。」〔註9〕由此確定，錢塘江大修工程由國庫撥款，平時修築工程則由地方財政撥款。地方財政由分為省庫財政撥款和地方自籌兩類。

　　1912 年至 1926 年，浙江省內設有杭海、鹽平兩段的海塘經費由浙江省政府國庫撥發；蕭紹段塘工經費由紹興、蕭山兩縣籌措；浙西水利工程的經費由杭縣、海寧、海鹽、平湖、崇德、桐鄉、嘉興、嘉善、德清、武康、吳興、長興、安吉、孝豐、餘杭、臨安等 16 縣田賦及各項貨物通捐內附帶徵收；其他

〔註 5〕〔清〕方觀承纂，敕修兩浙海塘通志詔諭，馬寧主編，中國水利志叢刊〔M〕，揚州：廣陵書社，2006：25。
〔註 6〕1909 年政府官報摺奏類，關於海塘修復經費，No.631。
〔註 7〕〔清〕增韞，浙江巡撫增韞奏海塘新工起限修築勘估辦理情形摺〔J〕，政治官報摺奏類，民國十二年，No.1060，270。
〔註 8〕同上。
〔註 9〕浙江省議會第一屆常年會議質問書，民國二年，18～19，民國時期期刊全文數據庫（1911～1949）〔J/OL〕。

各縣水利工程則又各縣臨時就地籌措。〔註10〕

因國內政局動盪，國內經濟衰落，無力支撐海塘修築工程，且海塘管理機構也多次改屬不同機構負責管理。除個別危急工程進行搶修外，基本以日常的維護為主。值得注意的是自 1913 年成立海塘測量處之後，測量工作最為常規工作內容一直在開展，並有固定的經費投入。

1912 年，海塘工程局成立之時，省府對其經費的使用有著明確的規定：海塘工程局省庫撥款經常性歲修經費約二十八九萬，臨時性經費十五萬兩作為搶險大修所用。民國初年規定海塘工程局每年支出為三十三萬三千四百零八元，包含鹽平分局。鹽平分局獨立後，每年支出為二十二萬三千四百四十四元，每月支出一萬八千六百二十元。其中工程局日常費用二千六百元，薪資支出二千三百三十元，辦公費工程雜費一萬六千零二十元，材料費一萬零七百五十五元四角，工價三千二百七十二元，雜支八百四十三元。海塘測量處成立於 1913 年，規定經費為一千一百五十元。海塘測量處的經費來自於加抽的絲、鹽、茶等稅項，由省財政廳劃撥。〔註11〕

據浙江省水利局報告稱：自 1923 年 2 月至 1925 年 1 月，有 28 個月測量處未能領到經費。為彌補經費不足，以沿塘灘地租金的收入、售賣土備塘上柴草的收入墊付日常開支。北洋政府晚期，國家政局、經濟出現嚴重問題，無力支付海塘維護經費。這也是該段時間未能開展大的海塘工程建設的根本原因。〔註12〕

1927 年，海塘工程局對錢塘江海塘進行勘查，發現六十七處需要辦理的工程，按最險要、次險要、險要工程分類擬成清單呈報，由前任建設科技正徐策前往詳細查勘，又經過覆查，列出最險要工程十四處，修築工程需洋元八萬一千四百餘元。其中，塔山壩出現坍卸，急需修築。徐世大在上報此項工程時，特別強調海塘工程局仍存有洋灰一千餘桶，不用將受潮過期，且已有備好的椿木。可見當時情況已十分危急，為說服省府撥款強調已經具備的開工條件。在上報海寧塘工現狀時，徐世大局長一再強調可根據資金情況先開展最緊要工程。當時政府確實沒有實力修築海塘。鍾元堭接任海塘工程局局長後，自

〔註10〕浙江省水利局，浙江省水利局總報告〔R〕，民國二十一年二月致民國二十四年六月，37。
〔註11〕徐世大，海寧鹽平海塘工程報告書〔J〕，浙江建設月刊，No.1，民國十六年，48。
〔註12〕浙江省水利局，浙江省水利局總報告〔J〕，浙江建設月刊，民國十四年。

1923 年 2 月 1927 年 4 年時間，因經費竭蹶，且江道兩岸出現漲沙，錢塘江海塘工程可以暫緩修築。沒有潮災發生，兩岸地方人士也無不滿情緒。因此，錢塘江海塘在 1911～1926 年間基本沒有大的修築工程開展。

同時，海塘工程經費的使用也有明確規定。海塘工程資金管理辦法：需要修築的海塘工程，由各區的區官與監工員一同上報局長，再由工務科核實。如為重大工程，由局長呈省府核准興建工程，完成局長驗明再請省府派員驗收。工程造價不足三百元歸入月修，由局長派人驗收。建築新塘由工程科主任同技士估計測量搶修工程，先進行修築，再由區官詳細列出材料的數量、使用地點等詳細信息進行報銷。

若遭遇大風潮，海塘潰塌，海塘修築經費不足，民國政府也曾採取特別之策，來解決資金不足的問題。1931 年海寧海塘坍塌，為解決這一問題，行政部曾登報就海塘修築經費問題提出解決方案，內容如下：

「行政院局內政部議覆，浙省海寧塘工，關係蘇省蘇常兩縣水利，應飭由蘇浙兩省府，會同派員屢勘，擬具修築計劃及費用總數，由蘇浙分攤中央補助，及據浙省府呈請，即撥海塘工款，或由中央發行公債各等情。刻令財部切實審議具復，以憑提要核定。（十六日專電）」〔註 13〕

因此次海塘坍損嚴重，當地公民自願籌措銀兩來修築海塘。據申報報導：「海寧塘工緊急，該縣公民等自願籌銀四萬二千元，已便派工修理，並呈請建設廳在案。現石廳長提交政委會付議，以建設公債票面七萬元作抵修費，已決議照辦。（二十五日）」〔註 14〕

由此可知，除國家撥付、地方自籌的資金外，發行公債、臨省支持亦為緊急情況下的籌款之策。

7.3 民國時期經費投入情況

7.3.1 基礎科研經費

因民國時期政局不穩，海塘投入經費波動較大，基礎科研逐步起步發展，現按民國初期、民國中期、民國中晚期三個不同歷史時期的數據加以說明。

民國初期，水利委員會成立測量隊，自此開始設置專門的測量經費。現

〔註 13〕海寧塘工經費問題〔N〕，申報，民國二十年四月十七日。
〔註 14〕杭州〔N〕，申報，民國二十年五月二十六日。

民國初期水利委員會附屬測量隊經費情況及其在水利總經費所佔比例加以分析。

　　根據已掌握的資料，筆者選取民國初期的 1913 年、1917 年、1918 年、1919 年、1920 年、1921 年、1923 年和 1924 年基礎科研資金投入情況進行分析，詳見表 7-1。

表 7-1　測量隊經費支出情況表〔註15〕

單位：銀元

年　份	水利委員會附屬測量隊經費	水利總經費（合計）	測量費占全省總經費的比例
1913 年		48362	0%
1917 年	14472	25705	56%
1918 年	14103	26267	54%
1919 年	13431	24813	54%
1920 年	14006	26220	53%
1921 年	13210	24349	54%
1923 年	14006	25824	54%
1924 年	13210	24080	55%

數據來源：《浙江財政月刊》浙江省地方政費表，數據的時段為前一年的七月至次年六月。

　　由表中數據可以瞭解到，自 1917 年至 1924 年的 7 年時間（缺少 1922 年數據），對測量經費的投入占水利總經費的比例一直維持在 53%～56% 之間，並無大的波動。由此可以瞭解，此階段測量工作已成為基本工作內容一直在正常的開展之中。

　　1928 年，浙江省水利局成立後，因主政者強調基礎科研的重要，基礎調研的內容根據實際工程建設的需要，持續獲得發展，相關經費投入也不斷增加。除開展測量工作外，又增加的儀器購置費用。基礎科研項目的開展是為錢

〔註15〕銀元的購買力說明：以米、豬肉、棉的日常生活用品為衡量標準。1911～1919 年間，米價恒定為每舊石（178 斤）6 銀元，也就是 3.4 分／斤。一銀元可以買 30 斤上等大米，可以買豬肉 8 斤，以每斤 1.2 分～1.3 分計算；可以買 10 尺棉布，以每市尺 1 角計算；白糖每斤 6 分錢；植物油每斤 7～9 分錢；食鹽每斤 1～2 分錢。此時，一塊銀元大約相當於現在的 35～40 元人民幣，此為較保守的估計。

塘江整治工程服務的。

浙江水利議事會向建設廳提交了有關浙西水利工程的提案：提出浙西水利應以治標作為目前的防治原則。因兩岸海塘需要修整，急待解決潰堤、疏濬問題，並指出：浙西水利治本工程需開展水文測量，來收集雨量、流量、溫度、氣壓、風力、水標等各種觀察數據，基礎調研數據完備後，才可以精確規劃根本防治的方法。因此，當時全省水利工作的重點集中在：聘請中外水利專家，整理全省河流，改良險要塘工，擬定計劃；其主要的水利建設項目為：整理錢塘江、錢塘江與運河的溝通、蕭山南沙沙地之增漲、水文測量、飛機測量、浙西水利工程。其中，浙西水利工程主要是水文站的設立和儀器的購置。〔註16〕因此，政府的經費支出也主要集中在海塘的修築和水文測量方面。現對民國中期基礎科研經費的支持情況加以統計，詳見表 7-2。

表 7-2　測量經費支出情況表（1931 年至 1934 年）

單位：銀元

年　份	水文地形各測量隊經費		臨時工程經費及測量費		浙西各項測量經費		水利支出總經費	測量經費占總經費比例
	來源		來源		來源			
1931 年下半年	省庫	27298			水利會撥	11418	113155.1	34%
1932 年	省庫	73254.66			水利會撥	18000	161604.6	56%
1933 年	省庫	72711.5		77752.12	水利會撥	19530	118644.3	
1934 年	省庫	74326			水利會撥	14400	111800.2	79%

分析表中數據可以發現：1931 年之後，基礎科研投入經費占水利總經費的比例持續增加，1934 年高達 79%，足見其受重視程度。水文地形測量隊費用由省庫直接撥款，已成為常規工作。浙西測量工作則由水利協會撥付。

根據浙西水利委員會報告顯示：1929 年，海塘塘工經費為三十萬九千二百七十七元，比 1928 年增加了七萬五千餘元；為防治錢塘江，特別撥發一百萬元特別事業費；蕭山南沙保灘工程需經費三十二萬餘元；飛機測量經費 20

〔註16〕程振鈞，浙江省建設事業之回顧〔J〕，浙江省建設月刊，No.32，1930。

萬元；水文測量經費由各縣自行解決；浙西水利工程經費 20 萬元，主要用於水文觀察站的設置和儀器設備的購買。1930 年，浙西水利議事會添置水利測量儀器經費為 4699100 元〔註 17〕因水文測量是制定防治規劃的基礎，故浙江投入了大量的資金開展水文測量和全流域測繪工作。在全省範圍內建立水文站、雨量站，並在國內首次開展航空測量。

抗日戰爭爆發後，錢塘江防治工程及相關基礎科研工作全部停滯。抗戰勝利後，則以搶修海塘工程為要務。1946 年之後，海塘修築維護及搶險工程、江道整治工程並行，所以資金均來自美援救助，此部分內容在第三章第二節海塘搶修工程中加以闡述，這裡不再贅述。

7.3.2 海塘修築經費

因民國時期政局不穩，海塘投入經費波動較大，先分為不同時期對經費投入情況加以介紹，分別為民國初期、民國中期、1945 年至 1949 年三個不同歷史時期的數據加以說明。

另外，錢塘江海塘分為南北兩岸，北岸海塘難以修築且沖刷更為厲害，故北岸一直屬於官塘。南岸海塘修築較易其更多時期為淤積，故自清代以來，南岸海塘一直由紹興、蕭山兩地的當地政府負責維護和管理。1912 年，在紹興、蕭山兩縣設置塘閘局，負責塘閘的歲修和管理工作。此時南岸因三江閘淤塞、塘工需要修築，故向省府申請資金開展修築工程。

為了更好的說明浙江省內對水利建設投入的狀況和變化，筆者選取民國初期的 1913 年、1917 年、1918 年、1919 年、1920 年、1921 年、1923 年和 1924 年，詳見表 7-3。1913 年，還沒有形成固定的水利維護性經費，此時的經費投入是因海塘坍塌，進行搶救性修築時所投入的經費。

銀元的購買力說明：以米、豬肉、棉的日常生活用品為衡量標準。1911～1919 年間，米價恆定為每舊石（178 斤）6 銀元，也就是 3.4 分／斤。一銀元可以買 30 斤上等大米，可以買豬肉 8 斤，以每斤 1.2 分～1.3 分計算；可以買 10 尺棉布，以每市尺 1 角計算；白糖每斤 6 分錢；植物油每斤 7～9 分錢；食鹽每斤 1～2 分錢。此時，一塊銀元大約相當於現在的 35～40 元人民幣，此為較保守的估計。

〔註17〕浙西水利議事會年刊〔J〕，杭州師範大學民國史料研究中心，民國史料輯刊〔M〕，第一輯第 9 冊，北京：國家圖書館出版社，2011：211。

表7-3 國民政府成立前浙江省水利經費投入概況

單位：銀元

年份 經費類別	1913年 經費投入	1917年 經費投入	1917年 性質	1918年 經費投入	1919年 經費投入	1920年 經費投入	1921年 經費投入	1923年 經費投入	1924年 經費投入
第一項錢江塘工費	4115.00		臨時性						
第二項修理峽溪壩經費	2247.00		臨時性						
第一項水利委員會經費		11233.00		12164.00	11377.00	12314.00	11139.00	11818.00	10870.00
第二項水利委員會附屬測量隊經費		14472.00		14103.00	13431.00	14006.00	13210.00	14006.00	13210.00
水利總經費（合計）	48362.00	25705.00	臨時性	26267.00	24813.00	26220.00	24349.00	25824.00	24080.00
調查全浙水利經費	7346.00		臨時性						
全省總費用支出	2763427.00	2475392.00		2888197.00	2793765.00	2763427.00	2860791.00	2628828.00	2636699.00
水利經費占全省總支出的比例(%)	2%	1%		1%	1%	1%	1%	1%	1%

數據來源：《浙江財政月刊》浙江省地方政費表，數據的時段為前一年的七月至次年六月。

　　通過此表可以瞭解，自 1917 年至 1924 年（缺少 1922 年數據）7 年間，浙江省的水利經費投入基本沒有太大變化，經費支出主要集中在水利委員會和測量隊兩處，說明此時工作的重點在於前期測量工作。事實上，在地方財政中是有部分修築工程的支出。通過表 7-3 來看，民國政府成立前對錢塘江的投入基本限於日常維護工作。根據數據資料顯示，民國初期的海塘投入在全省建設中所佔比例很小，除必須進行的搶修工程開展外，其他基本以日常維護為主。這與當時混亂的政治、社會環境密切相關，戰亂之時無暇顧及海塘工程。但自測量隊成立後，浙江省水利測量工作得以持續開展，且有固定的財政支出予以支持，這為未來的防治工程的開展奠定了良好的基礎。

　　浙江省水利局成立之前，南北岸海塘管轄權不統一，經費投入也很難完整統計。自 1928 年，省政府決議擴充錢塘江工程局改為浙江省水利局，辦理全省一切塘工及水利事務，全省水利行政系統得以統一，所有水利經費均由省內國庫統一撥發。1931 年後，錢塘江海塘發生潰堤，省府多方籌款搶修海塘工程。當時，出現險塘四十七處，杭海段最為嚴重。〔註 18〕政府決定對錢塘海塘工程進行全面徹底的修築，海塘投入也隨之增加。〔註 19〕

　　其時，浙江省建設廳統轄管理全省建設事業，水利局也由其負責管理。全省建設經費統一分配。通過對 1926 年（民國十五年）、1927 年（民國十六年）、1928 年（民國十七年），浙江省建設廳公布的全省建設投入情況來看，1926 年，水利事業投入所佔比重最大。這與當時海塘急需搶修，緊急組建錢塘江工程局密切相關。1927、1928 年，政府在水利事業的投入比重有所減少，但仍佔有重要的地位。

　　1927 年，錢塘江工程局成立，確定其年經常費用支出為 56,580 元，每月經費支出為 4715 元；工程費支出每年為 232,096 元，每月支出為 21,008 元；全年合計經費為每年需 36,086,76 元。1928 年浙江省水利局成立，杭海、鹽平、紹蕭段管轄權統一，海塘經費投入得以統一，並有明確的記載。

　　1930 年，杭海段海塘因颶風而塌毀，原有搶險經費，每年為七千二百元。此次損失嚴重，搶修費用不足，經省府委員會議決：「撥發特別搶險費 8 萬元。但因國庫緊張，僅籌發 2 萬元外，尚短銀六萬元，後由浙西水利經費撥出 6 萬元，以搶修海塘。由財政廳於特別搶修費下，令飭浙江水利議事會即水利局辦

〔註 18〕水患聲中之浙省水利工程〔N〕，民國日報，民國二十年八月三日。
〔註 19〕浙決徹底修築堤塘〔N〕，大公報，民國二十年十月九日。

理。」當時利用這筆資金，採用修築柴塘的方式控制了險情。危機雖解除，但柴塘易於腐朽，僅能保一時的安全，故提出修築新式混凝土斜坡塘 1932 年開始修築，歷時 1.8 年方完工，修築海塘全長 929.4 公尺，總支出費用二十四萬七千九百八十四元六角零一釐。〔註20〕

圖 7-1　浙江省地方經費投入概括

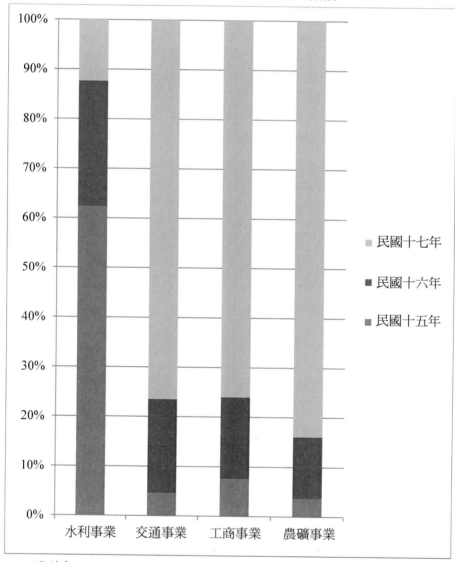

資料來源：浙江省建設廳編，兩年來之浙江建設概括，民國十八年。

〔註20〕曾養甫，浙江省水利局辦理十九二是兩季海塘險工至經過〔J〕，民國十九年，民國期刊數據庫。

為更好的瞭解海塘日常經費的支出情況，現將 1927 年至 1936 年經費支出進行統計列表，詳見表 7-4 和表 7-5。從表 7-4 可以看出，1931 年水利投入迅速增漲，約為前一年的 3 倍，皆因 1930、1931 年發生大潮災，搶修經費增加。

表 7-4　杭平段（北岸）海塘塘工處 1927 年至 1936 年度經費支出統計表〔註21〕

單位：元

年　份	歲修費	月修費	搶修費	工程隊費	合　計	經常費	合　計
1927 年	5100.841	653.716	272.755	250.000	9616.312	14215.061	23831.373
1928 年	91330.550	3378.571	21.863	13800.000	108530.983	30360.000	138890.983
1929 年	46462.059	2420.080		13800.000	62682.139	31800.000	94482.139
1930 年	1341.752	939.525	58524.683	10720.000	71525.960	30536.000	102061.96
1931 年	44567.252	5633.497	271606.743	10720.000	332527.492	30536.000	363063.492
1932 年	81997.122	5028.660		2621.896	98467.678	20851.250	12034.606
1933 年	100261.591	6444.769	13399.279	12627.230	132732.869	21032.910	153765.779
1934 年	71337.972	9440.895	13181.489	12514.457	106474.813	19578.377	126053.190
1935 年	5786.970	7050.210	9561.361	12768.000	35166.451	15150.000	50316.451
1936 年	18842.435	4273.395	12957.548	12768.000	48841.378	18150.000	66991.378
合　計	467028.544	45263.228	581964.72	112489.583	1006746.075	232209.598	1238955.673

〔註21〕何之泰，十年來之浙江水利〔J〕，浙江省建設月刊，民國二十六年，Vol.10，No.11，36。

表 7-5　蕭紹段（南岸）海塘塘工處民國 1927 年至 1936 年度經費支出
　　　　統計表〔註 22〕

單位：元

年　份	月修費	搶修費	工程隊費	閘務費	合　計	經常費	總　計
1927 年	780.690		170.790		18460.240	9357.860	27818.280
1928 年	3911.440		4220.730	531.860	17408.390	12714.060	30122.450
1929 年	2405.190		4653.490	1131.690	74482.140	14048.200	88530.340
1930 年	116.320	2081.390	4548.030	168.750	43969.630	13816.850	57786.480
1931 年	3592.960		4608.000	1098.530	32163.280	9434.150	41597.430
1932 年	2080.870	570.990	4641.100	1055.030	71343.060	11334.310	82677.370
1933 年		2008.330	4909.980	670.470	77274.610	10312.570	87587.180
1934 年	4923.670		4982.670	964.150	37399.620	10998.620	48398.240
1935 年	1130.050	401.670	5049.240	909.070	17447.360	8948.000	26395.360
1936 年	4200.000	2400.000	5544.000	2664.000	49176.000	1380.000	60456.000
合　計	23141.19	7462.380	43328.030	9193.550	439124.510	112244.620	551369.130

　　抗戰期間，錢塘江多次發生颱風和大潮汛，北岸海塘海寧、海鹽等多處
發生坍毀，造成鹹潮內侵，內河河水變鹹，農作物受損。1938 年中央賑濟會
撥款 4 萬元修築柴塘搶修海寧決口塘段；1943 年因海寧八堡、九堡海塘全
部坍毀，鹹水內灌至嘉善南，申請搶修經費，行政院撥款 10 萬元開展搶修，
浙江省政府撥款 20 萬元，海寧旅渝同鄉會浙災籌賑會補助 10 萬元、海寧旅
滬同鄉會籌款 50 萬元，平湖縣政府撥補 13 萬，其餘款項由海寧縣政府填
補。〔註 23〕

　　抗日戰爭勝利後，1946 年 1 月 24 日，蔣介石來杭召集黨政要人開談話

〔註 22〕何之泰，十年來之浙江水利，浙江省建設月刊〔J〕，民國二十六年，Vol.10，
　　　　No.11，37。
〔註 23〕顧達一，我與海寧海塘〔J〕，民國期刊數據庫〔J/OL〕。

會。顧達一將抗戰時期所拍錢塘江海塘照片、全塘損毀測量圖、修復計劃和預算裝訂成冊〔註24〕面呈蔣介石。會後蔣與顧（達一）約談 15 分鐘，返回南京一周後，蔣介石電覆「已令飭財政部迅撥款六十億搶修錢塘江北岸海塘」。經費由中央、省兩級財政及行政院善後救濟總署各承擔 20 億元。同時，浙江省議會通過：浙江省地方籌措 2 億元由浙西各縣市從田賦項下代徵，自民國 1947 年起分三年實施。聯合國善後救濟總署撥發工賑麵粉、材料、施工設備等，並撥付美援救濟專款，此專款為美元。1947 年水利部核撥海塘工程經費 86 億元（原預算為 130 億元）；〔註25〕1948 年水利部 8 次匯撥錢塘江治本準備工程、海塘工程費合計 57 億元。〔註26〕

7.3.3 防治經費

1928 年之後，錢塘江開展逐步展開防治工程，除常項支出、測量支出、海塘修築搶修工程外，江岸的整理所佔資金逐漸增加。現選取 1931 年下半年、1932 年、1933 年、1934 年水利局建設資金的投入情況，詳見表 7-6。從表 7-6 可以清晰的看到：第一，水利局經常費〔註27〕、水文地形各測量隊經費、杭海鹽平紹蕭各段行政經費、塘岸工程經費作為日常的維護費用，每年都在省庫正常支出，前兩項支出的數額每年變化不大，後兩項的經費的支出根據每年海塘情況不同數額也有所變化，有減少之勢。另，此處的水文地形經費只針對錢塘江的水文測量工作。〔註28〕第二，除日常維護經費外，每年都有海塘修建項目的經費投入，由此可以瞭解每年海塘工程開展的概況。第三，塘岸工程費、丁壩修築費開始出現，且呈增長態勢。第四，由表中可以看出，經費的支持除省庫外，地方政府也會對工程項目進行經費的劃撥。

通過表 7-6 的對比研究將會發現：1931 年之後，除維護經費外，開展了大規模的海塘修築和防治工程，且投入的經費持續增加雖受物價上漲、貨幣幣值等因素的影響，但總體來看，錢塘江的防治工程和經費投入仍呈明顯的上升趨勢，1932 年塘岸工程經費占水利總經費的 28%。

〔註24〕顧達一，謹呈國民政府主席蔣浙江省錢塘江北岸海塘搶修委員會主任顧達一謹呈，浙江省水利廳檔案。
〔註25〕浙江省政府工作報告（民國 36 年 11 月至 37 年 5 月），民國三十七年。
〔註26〕浙江省檔案館：G29-3-273。
〔註27〕經常費指日常運行支出經費，即現在的管理費。
〔註28〕呈報議決辦理浙西水文測量及觀測經臨等費預算情形文〔J〕，浙西水利議會年刊（文牘），民國十七年十一月二十六日，3。

表 7-6　浙江省水利局 1931 年下半年、1932 年、1933 年、1934 年度經費收入概況

單位：元

經費類別	經費來源	收入	備註	經費來源	收入	收入	備註	經費來源	收入
本局經常費	省庫	45122.40		省庫	82229.00	75430.50		省庫	66465.50
水文地形各測量隊經費	省庫	27298.00		省庫	73254.66	72711.50		省庫	74326.00
杭海鹽平紹蕭各段行政經費	省庫	14478.00		省庫	35571.00	33786.00		省庫	19708.50
塘岸工程經費	省庫	130912.14		省庫	224837.08	163103.00		省庫	53004.00
臨時工程經費及測量費						77752.12			
西興挑水壩工程						31000.00	款項來源：杭江路局撥五千元，公路局撥八千元，義渡辦事處撥二千元，餘額歸建設廳撥付。		
建築錢江南岸碼頭工程費						140000.00		省庫	5650.77
閘口及西興江岸臨時工程費	省庫	30155.96		省庫					

項目	來源	經費	來源	經費	來源	經費	來源	經費	備註
整理錢塘江江岸工程費	省庫	55123.62	省庫	87384.16	省庫	43894.41			
開口101至105挑水壩以公債抵押借款由財廳籌還									
救護北沙坍岸工程費			省庫	30000.00					
杭海段塘工險工程費			省庫	55000.00					
總計		303090.12		588275.00		593783.12		263049.18	
浙西各項水利工程經費	水利會撥	101737.06	水利會撥	103604.60	水利會撥	81434.19	水利會撥	97400.22	餘額歸墊上半年不敷款
浙西各項測量經費	水利會撥	11418.00	水利會撥	18000.00	水利會撥	19530.00	水利會撥	14400.00	餘額歸墊上半年不敷款
整理錢江84號挑水壩經費			杭市及杭縣	13000.00					杭市府撥八千元，杭縣這份撥五千元。
東錢湖測量經費			單縣縣府	4680.12					
救護北沙坍岸工程費	杭市政府	30000.00							
救護北沙坍岸工程費	杭縣政府	10000.00							
總計		113155.06		161604.60		118644.31		111800.22	
工賑工程經費					省庫	330000.00			

數據來源：浙江省水利局。

7.4 中華人民共和國成立後經費投入

　　1949 年 5 月，杭州實現政權交接，此時海塘修築工程尚未完成。歷經多年抗戰，錢塘江兩岸海塘坍塌、破損嚴重，建國初期仍繼續民國時期未完成的海塘修築工程。1952 年錢塘江防治的設想提出，隨之基礎科研的投入逐步增加。另一方面，20 世紀 50 年代，錢塘江南岸持續發生坍江，大量資金投入到坍江工程中。20 世紀 60 年代至 70 年代，因江道治理方案一直在研究之中，資金投入均計算在海塘修築經費項下，另一部分則為搶修護灘工程。與此同時，錢塘江兩岸圍墾工程一直在開展之中，尤其 20 世紀 60 年代末提出「圍墾治江」後，很大一部分資金列入到圍墾工程之中。20 世紀 80 年代以後，伴隨治江工程、千里標準海塘工程、圍墾工程的開展，三項工程的資金投入項開始單獨列支。錢塘江管理局就海塘日常維護費用單獨申請國家財政支持每年 2 千萬元，並隨國家物價波動每年進行調整，此方案在 1997 年獲得浙江省批准。

　　中華人民共和國成立後，錢塘江水利工程局隸屬於華東軍政委員會建制，1950 年 8 月至 1953 年 4 月，經費由華東軍政委員會水利部、財政部撥付經費。此後，海塘管理機構劃歸浙江省管轄，經費均由浙江省財政撥款。到目前為止，國家撥款項目僅限 20 世紀 90 年代開展的北岸險段標準海塘工程。

7.4.1 海塘修築經費

　　建國初期的 1949 年至 1953 年間，海塘歲修、加固、搶修工程成為浙江水利建設的重點工程，水利經費投入傾向海塘修築。此段時間經費支出主要集中在錢塘江水下地形測量、海塘搶修、南岸護灘等工程。1950 年，浙江省水利局對杭州觀音堂至七堡 17.74 平方千米範圍開展 1：1 萬水下地形圖的測量工作。〔註29〕此後，多次對錢塘江水下地形、海潮展開實測。1949 年至 1953 年，錢塘江江道發生改道，有南趨之勢，南岸江灘坍江不斷，為此投入很大精力展開護灘工程。1953 年 3 月，錢塘江海塘翁家埠段發生海塘傾倒，缺口達 43.3 米，浙江省政府成立翁家埠搶險指揮部開展搶險工作。〔註30〕20 世紀 50 年代，錢塘江資金的投入大部分用於搶險工程，所佔全省水利投資的比重也是最大的一部分。具體資金投入情況詳見表 7-7。

〔註29〕錢塘江志編纂委員會，錢塘江志〔M〕，北京：中華書局出版社，1998：40。
〔註30〕同上，41。

表 7-7　1949～1957 年錢塘江防治工程資金投入情況表

年　份（年）	投資數額（萬元）	占浙江省水利建設投資比重
1949	21.13	71.90%
1950	246.25	62.40%
1951	236.56	62.00%
1952	124.45	54.40%
1953	320.27	61.10%
1954	220.87	24.40%
1955	214.78	24.20%
1956	180.24	13.30%
1957	200.64	16.10%

　　從表中可以看出，自 1954 年之後，錢塘江海塘經費投入在全省水利建設事業中所佔比重逐步減小。一方面，海塘搶險工程基本結束，海塘維護工程持續進行當中；另一方面，其他流域和地區出現洪澇和乾旱災害。全省水利建設的重點也隨之轉移，資金投入主要集中在浦陽江防治、水庫建設及農田水利建設。這與當時國家經濟形勢、對水利建設和農業生產的需求密切相關。

　　1950 年 6 月，浦陽江洪水造成浙贛鐵路路基被沖毀，鐵路停運 6 天零 7 小時，因此段鐵路為軍用物資運輸線，此次損失很大。搶修完成後，提出浦陽江防治工程，1956 年確定實施高湖分洪工程。

　　1950 年，浙江在金華專區試點小水庫建設項目。1952 年、1953 年，浙江發生嚴重旱災，而水庫可以應對旱災問題。1956 年後，全省掀起興建水庫的熱潮。同時，為提高農業產量，全省開展機電排灌項目建設。

　　1958 年後，錢塘江資金投入與之前相比萎縮嚴重。此階段正處於「大躍進」時期，浙江省水利建設的重點項目是大、中、小型水庫建設，以及解決農業生產問題的機電排灌工程。1958 至 1980 年，中國這一特殊歷史階段裏，錢塘江防治工程資金投入及占全省水利建設比重，詳情見表 7-8。

表 7-8　1958～1980 年錢塘江防治工程資金投入情況表

年　份（年）	投資數額（萬元）	占浙江省水利建設投資比重	年　份（年）	投資數額（萬元）	占浙江省水利建設投資比重
1958	124.67	5.30%	1976	684.14	7.20%
1959	110.81	3.30%	1977	528.52	5.20%

1960	169.02	2%	1978	496.56	3%
1961	266.28	4.80%	1979	386.02	1.80%
1962	302.71	3.80%	1980	343.44	2.20%
1963	617.57	7.80%	1981	468.12	3.70%
1964	565.15	8%	1982	505.14	3.40%
1965	376.11	6.60%	1983	579.66	3.90%
1966	471.03	9.80%	1984	434.5	4.70%
1967	287.01	5%	1985	321	3.20%
1968	258.75	5.10%	1986	334	3.20%
1969	197.78	3.30%	1987	364	3%
1970	193.67	3.20%	1988	644	4.60%
1971	319.15	4%	1989	863	5.60%

數據來源：浙江省水利統計資料彙編。

　　由表中可以看到，1958 年大躍進時期，資金投入比更是銳減。「文革」爆發前的 1963 年至 1966 年 4 年間，錢塘江資金投入比相對較多。筆者分析認為，因此階段提出了錢塘江治理工程，大力推進前期基礎科研工作，展開多學科的合作，故資金投入較多。「文革」時期的 1973 年至 1977 年錢塘江資金投入比略有增長，筆者認為主要有兩個原因：一是，1970 年提出錢塘江下游治理開發規劃，計劃在黃灣修建攔江樞紐工程。該方案雖未獲得批准，但相關研究工作一直在開展之中；二是，赭山灣防治工程在此時期內開展，困難很大，投入也很多。同時，防治與圍墾相結合，圍塗工程投入了大量的人力、物力、財力。

　　20 世紀 80 年代後，錢塘江防治工程確定為「縮窄江道、防治圍塗」的方案，始有建國以來的專門針對江道整治工程的投資。故 1981 至 1997 年錢塘江資金投入情況列入下一節的江道整治工程中。

　　因錢塘江潮洶浪猛，鹹潮對海塘侵蝕嚴重，自宋、明兩代海塘維護每年都有歲修經費。清代自康熙末年，各項塘工歲修銀兩不斷增加，最多時曾達到每年 23 萬兩。伴隨清王朝的日益沒落，歲修銀兩時增時減，到宣統元年（1909 年），每年海塘歲修銀兩為 17.4 萬兩。民國時期，歲修經費一直是海塘修築工程的日常支出項目。自中華人民共和國成立後，錢塘江海塘歲修經費一直沒有落實。20 世紀 80 年代起，浙江省提議在沿海地區開展標準海塘修築工程。20 世紀 90 年代，錢塘江兩岸開展海塘加固和北岸險段標準海塘

修築工程。藉此機會，錢塘江管理局再次向浙江省政府提出撥付歲修經費的請求。1997 年，浙江省政府確定每年錢塘江海塘歲修經費為 2000 萬元，並隨物價波動進行調整。

從表 7-8 可以看出，1988 年後錢塘江資金投入比逐步增加。因 1988 年 8 月，對錢塘江海塘實施一期加固工程，總投資 3860.33 萬元，其中國家撥款 765.38 萬元。加固工程完成後，浙江省水利廳著手申請將錢塘江北岸險段海塘工程加入到國家大江大河防治計劃中。

1997 年，錢塘江北岸險段標準塘項目獲得國家批准，第一期建設 44.7 千米標準塘工程由中央和地方財政共同投資 5.36 億元（1994 年物價水平），其中中央出資 2.15 億元。〔註31〕後期，又陸續修建省管標準海塘工程和地方標準海塘工程。至 21 世紀初，錢塘江兩岸標準海塘工程修築完成，構建了新的海上長城。除海寧段 33 公里明清魚鱗石塘和蕭紹段部分條石塘外，其他均為新建海塘，其防洪潮標準根據所處位置不同，分別被提高至 50 年、100 年一遇的標準。標準海塘工程資金投入情況詳見表 7-9。

表 7-9　20 世紀 90 年代錢塘江標準海塘工程資金投入情況表

名　稱	塘　段		長　度	投　資（億元）	
				中央財政	省財政
標準海塘建設	北岸險段	海寧段：鹽官至尖山	24.7	2.15	3.21
		海鹽段：秦山電廠至黃家墊	8		
		杭州老城區：錢江大橋至三堡船閘	12		
標準海塘建設（省管塘）	北岸	杭州段：白塔嶺至三堡船閘	10.38		5.60
		海寧段：秧田廟至平塘頭	24.44		
		海鹽段：南臺頭至五團	3.85		
		杭州段：七堡至七格	4.36		

〔註31〕水利部文件，水規計（1995）260 號：關於錢塘江北岸險段標準海塘工程項目建議書意見函，1995 年 7 月 18 日。

		杭州段：喬司三號大堤延伸段	0.8	1.22
		海鹽段：蘭田廟至南臺頭	2.99	
		平湖段：獨山至水口	2.05	
		平湖段：白沙灣至金絲娘橋	2.57	
		杭州段：五堡至七堡	2.65	1.61
		海寧段：老鹽倉至秧田廟	7.9	
		海寧段：平塘頭至小尖山	0.99	
		海鹽段：五團至八團	3.35	
標準海塘建設（地方塘）				地方投資（萬元）
	杭州段	濱江區海塘	13.79	24924
		七甲閘上游至東方角	9.752	6500
		東風角至九上順壩	5.1284	5300
		蕭圍西線	8.0859	4200
		蕭圍北線	22.9303	17000
		蕭圍東線	12.4539	13912
		交通圍堤	1.586	4875
		下沙標準塘	13.13	18039
		上泗南北大塘	24.06	29449
	嘉興段	海寧鹽倉	7.078	12300
		場前至方家埭	4.508	2338
		黃家堰至場前	1.86	935
		黃沙塢	0.925	856
		青山至鴿山	4.35	2594
		鴿山至楊柳山	1.071	878
		長山至青山	0.974	694
		水口至白沙灣	7.801	4706

	紹興段	蕭紹海塘	5.907	5132.58
		新三江閘至紅旗閘	2.1	1377.48
		紅旗閘堤線外海塘	2.727	1607.72
		紅旗閘至九一丘	6.853	4221.04
		九三丘	1.646	871.68
		蕭山海塘（上虞段）	2.21	17005
		百瀝海塘	2.62	9530
		王公沙塘	6.78	15200
		中百保江塘	6.07	9164
	寧波段	西部海塘	10.68	2970
		海皇山東塘除險加固	3.703	1109

說明：此表中紹興段因部分塘段缺少資金投入數據，故未列入。

7.4.2 防治工程經費投入

　　錢塘江治理工程自一直在研究討論之中，但始終沒有明確的治江方案被敲定。20 世紀 80 年代以前所有錢塘江治理工程的資金投入都劃撥在海塘工程項目下。〔註32〕20 世紀 60 年代，錢塘江治理工程與圍墾工程相結合，故圍墾工程的資金投入亦可算作治江經費投入。

　　20 世紀 60 年代，錢塘江下游尤其是南岸開展大規模治江圍塗工程。因國家處於困難時期，為解決資金不足的問題，採取國家利益、地方利益、群眾利益相結合，實施「誰出力誰受益」的辦法。土方培修工程由地方群眾義務承擔，同時組織部隊、知識青年組建成突擊隊參與圍墾工程，其他工程費用由國家投入，至 1989 年年底，國家在專業管理、建設機構投入累計達 1.54 億元人民幣，詳見表 7-10。同時，部分圍堤修建工程由地方市、縣投資興建，尤以蕭山、上虞、紹興沿江三縣最多。當然，三縣也是圍墾受益最多的地區。蕭山市（縣委杭州市蕭山區）1965～1989 年每年地方投資和群眾負擔 100～450 萬元，至 1989 年累計總數在 6500 萬元以上；上虞縣 1969～1981 年市、縣地方投資由 375 萬元，集體自籌 54 萬元；紹興縣 1969～1979 年市、縣地方投資 353 萬

〔註32〕馬席慶，關於錢塘江治理開發的若干回憶，馬席慶文存──治理錢塘江〔R〕，1995：181。

元，集體自籌 13 萬元。〔註33〕圍塗土地的分配，除政府規劃預留土地外，根據各單位投入的情況，將其餘圍墾土地進行重新劃分，撥付給各個相關單位使用。至 2005 年末，錢塘江河口段圍塗土地累計達 152 萬畝，其中澉浦以上累計圍塗 116 萬畝，澉浦以下圍塗 52 萬畝。〔註34〕詳見圖 7-2。

現對蕭山歷年圍塗投入情況加以統計，此統計數據扣除標準海塘建設費用，詳見表 7-10。

表 7-10　蕭山圍塗資金投入情況表

年　份	投入勞動量（萬工）	投　資（萬元）	年　份	投入勞動量（萬工）	投　資（萬元）
1965～1968	1075.06	757.53	1985	16.2	269.69
1969	440.62	122	1986	73.72	329.33
1970	469.73	294.7	1987	360.54	2139.78
1971	395.73	336.15	1988	278.43	961.4
1972	319.84	600.75	1989	122.78	834.96
1973	304.01	808.45	1990	57.45	88.8
1974	419.95	879.11	1991	66.68	517.84
1975	186.97	520	1992	74.33	652.72
1976	176.23	209.3	1993	109.42	1804.77
1977	269.57	352.35	1994	179.36	4781.62
1978	385.77	402.5	1995	325.47	5097.76
1979	294.77	333.5	1996	171.06	2853.89
1980	286	288.1	1997	247.57	5242.47
1981	95.31	179.2	1998	116.21	6037.37
1982	103	158.8	1999	417.32	17934.04
1983	50.4	240.65	2000	381.75	14435.63
1984	26.99	235.38	2001	162	8230

〔註33〕錢塘江志編纂委員會，錢塘江志〔M〕，北京：中華書局出版社，1998：495。
〔註34〕浙江省水利河口研究院，錢塘江尖山河段治理規劃有關文件彙編（1985～2008）〔R〕，2010：86。

圖 7-2　錢塘江歷年圍墾圖

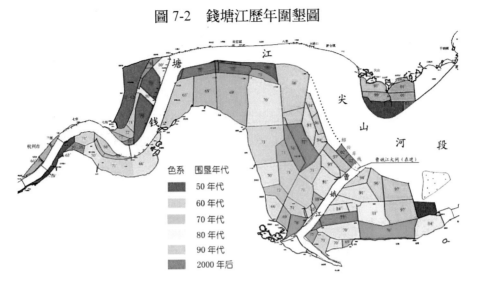

7.4.3 防治工程的效益

7.4.3.1 防洪禦潮效益

　　錢塘江江道治理、標準海塘及險段加固工程實施之後，南北兩岸富饒平原被很好的保護，治江和海塘修築工程創造了巨大的減災效益。

　　錢塘江河口兩岸的地面高程遠低於風暴潮位，錢塘江河口在逐步縮窄過程中陸續修建了相當於 20～50 年防禦標準的堤塘，多數已成為二線、三線海塘，可以與一線塘聯合發揮防御風暴潮的作用。如 1997 年 7 月 9 日洪水，杭州閘堰—閘口個別堤段一線堤潰決，同年 8 月 19 日 9711 號臺風暴潮海寧、海鹽、上虞一線堤塘也有數處決口，都因後面的二線堤發揮作用，使險情僅限於局部而未擴大。

　　錢塘江治理工程和標準海塘工程的開展，治江工程開展的同時新修築的標準海塘提高了抗洪潮標準，以尖山河段治理工程為例。尖山河段治理工程實施後，錢塘江南北兩岸修築長約 90 千米的一線臨江標準堤（大多為百年一遇標準）代替了原來標準大多為 20 年一遇的老堤，提高了抗禦洪潮災害的能力；南岸廣大岸段（北岸亦有少量岸段）除建有高標準臨江一線海塘外，原堤防成為二線或三線堤，可聯合防禦超強風暴潮，提高了防災標準；曹娥江口門大閘建成後，曹娥江河口兩岸堤防可免除風暴潮的襲擊，高水位由原來風暴潮位控制的河段變為由洪水位控制，大幅度降低了設計水位，提高了防禦標準。

根據《錢塘江和治理成效評估》的研究成果，以國家防辦 2004 年下發的《防洪減災經濟效益計算方法》為依據，採用「9711」、「7413」、「9417」〔註35〕號三場臺風暴潮在 1957 年海塘下實際發生的損失為 0.091 億元、0.234 億元、0.013 億元。

錢塘江河口南岸海塘修建的時間在 1997 年以後，按照修建前後的海塘，計算各頻率（500 年、300 年、100 年、50 年一遇）洪潮災害可能對當地社會產生的損失。財產損失用當地的個人財產、公共設施、商業、農業、企業財產進行計算。錢塘江河口防洪潮效益為 10.23 億元／年，錢塘江尖山河段南岸的防洪潮效益占 30%左右，即為 3.1 億元／年，其中臨江一線海塘防洪潮效益占 60%，即為 1.9 億元／年。〔註36〕

通過科研人員的統計計算，1950～1957 年主塘加固工程防風暴潮總效益值為 19.53 億元，防洪總效益現值（2008 年標準）為 1.11 億元，合計 20.64 億元；海塘修築工程費用總現值（2008 年標準）為 1.82 億元；計算出效益費用比為 20.644／1.82＝11.34。〔註37〕1997～2003 年標準海塘建設工程的多年平均防風暴潮減災效益總現值（2008 年標準）為 99.41 億元，防洪減災總效益總現值為 10.23 億元，合計為 109.64 億元；費用總現值為 25.56 億元。按照社會折現率靈敏度分析，當折現率為 4%～8%，效益費用比為 4.29～7.90；洪水損失增長率為 2%～4%，效益費用比為 2.99～4.90。〔註38〕

通過開展錢塘江防治工程，江道環境發生變化，與治江工程開展前相比，增加了水資源可利用量，減少了鹹水次數，為杭州市自來水廠取水創造了良好條件。同時，為曹娥江門口建閘和嘉紹大橋的建設提供了條件。

7.4.3.2 圍墾效益

錢塘江河口段自 20 世紀 60 年代中期實施大規模治江以來，至 2005 年末已累計圍塗 152 萬畝土地，其中澉浦以上累計圍塗約 116 萬畝，澉浦一下 35.83

〔註35〕「9711」、「7413」、「9417」是對臺風暴潮的稱呼，以臺風暴潮發生的年月為命名依據。

〔註36〕浙江省水利河口研究院，浙江省錢塘江管理局，強湧潮錢塘江河口治理關鍵技術研究與實踐〔R〕，2013：201。

〔註37〕浙江省水利河口研究院，清華大學水利系，錢塘江河口治理成效評估〔R〕，2008：75。

〔註38〕浙江省水利河口研究院，清華大學水利系，錢塘江河口治理成效評估〔R〕，2008：84。

萬畝。圍墾地區主要涉及杭州、蕭山、紹興、嘉興、寧波的慈谿和餘姚。

現今，已圍墾土地的 85.8% 得到了開發利用，主要用於農業、工業、房地產開發，其中農業用地（包括耕地、養殖、園地）占總圍塗面積的 50.3%，工業占 18.0%，房地產占 2.1%，其他利用方式占 15.4%，未開發面積占 14.2%，〔註39〕詳見表 7-11。

表 7-11 錢塘江南北兩岸圍墾土地利用情況

單位：萬畝

		累計圍成	農業	工業	房地產	其它	未開發利用
旗浦以上	西湖區	1.16	1.16	0.00	0.00	0.00	0.00
	江干區	11.08	1.96	3.36	1.53	4.23	0.00
	蕭山區	51.55	28.93	12.26	1.23	9.13	0.00
	餘姚市	4.81	3.24	0.01	0.00	0.05	1.51
	紹興縣	13.87	6.35	2.89	0.06	1.72	2.87
	上虞市	26.52	14.71	2.56	0.06	1.24	7.95
	海寧市	7.19	2.21	0.56	0.29	0.77	3.35
	合 計	116.18	58.56	21.64	3.17	17.14	15.68
激浦以下	海鹽縣	1.26	0.60	0.04	0.00	0.27	0.35
	平湖市	1.16	0.74	0.42	0.00	0.00	0.00
	慈谿市	33.41	16.50	5.25	0.00	6.04	5.62
	合 計	35.83	17.84	5.71	0.00	6.31	5.97
總 計		152	76.40	27.35	3.17	23.45	21.65

數據來源：錢塘江河口治理成效評估，p92。

截止 2006 年，利用圍墾土地，錢塘江兩岸建立了多個經濟開發區，如杭州經濟技術開發區，紹興濱海工業園區、上虞工業園區、尖山新區、海寧農業對外綜合開發區。根據圍墾土地各類開發項目所創造的生產總值加以統計，可以清晰歷經圍墾土地所創造的經濟社會價值，詳見表 7-12。

〔註39〕此數據為 2008 年的數據，近年來伴隨錢塘江南北兩岸的城市開發建設，房地產所佔比例已大大增加。

表 7-12　2006 年圍墾區生產總值表

	地區生產總值（億元）		圍墾區／全市
	圍墾區	全　市	
杭　州	818.05	3441.51	23.8%
紹　興	342.59	1667.63	20.5%
嘉　興	119.91	1346.65	8.9%
寧　波（慈谿、餘姚）	278.44	2874.44	9.7%
總　計	1558.99	9330.23	16.7%

數據來源：錢塘江河口治理成效評估，p86。

　　為更好瞭解圍墾土地的所獲得的收益，工程技術人員在《錢塘江河口治理成效評估》項目中，根據圍墾土地所獲得的歷年產出效益和投入費用進行統計分析，計算其效益費用比，以此作為評價標準計算圍墾土地的貢獻效益。土地貢獻效益的計算過程較為複雜，且考慮多種經濟變動因素，具體確定過程如下：

　　①土地貢獻效益的計算是根據圍墾區域的工農業總產值，並將產值轉化為增加值，浙江浙江省統計年鑑，農業增加值占農業總產值的 70%～80%，工業增加值占工業總產值的 23%，第三產值占全省 GDP 的 40%，區域間又有差價，綜合考慮這些因素來計算土地增加值。

　　②再根據柯布-道格拉斯生產函數計算出浙江地區的彈性系數，根據產業的不同分別取值：農業選取 0.15，工業和第三產業選取 0.1。

　　③選取 2008 年上半年經濟運行統計結果，農業增長率為 1.3%，工業增長率為 11.5%，三產增長率為 11.2%。計算中最終確定：農業增長率選取 1%；工業增長率考慮保守估計 0%，保持現有狀態 10%；變緩狀態 5%，綜合考核後確定其工業增加值。

　　1965 年～2005 年，錢塘江南北兩岸土地貢獻效益為 649.36 億元，灘塗開發費用為 106.81 億元，效益費用比為 6.08。根據土地效益的評估標準（如表 7-13），一般按照 30～50 年進行效益評估，如果維持 0%的增長率，則土地貢獻效益為 1041～1481 億元，效益費用比為 9.74～13.86。此計算方法過於保守，如果按照 2008 年上半年 10%的經濟增長速度，土地貢獻效益為 1600～3719 億元，效益費用比為 14.98～34.82；若保持 5%的經濟增長率，土地貢獻效益為 1237～2084 億元，效益費用比為 11.58～19.51。

表 7-13　圍墾土地貢獻效益的計算結果

計算年限	工業增長率	工業增加值（億元）	農業增加值（億元）	第三產業增加值（億元）	增加值合計（億元）	土地貢獻效益（億元）	灘塗開發費用（億元）	效鹽責用比
30年	0%	6710	936	2294	9939	1041	106.81	9.74
	5%	8213	941	2746	11899	1237	106.81	11.58
	10%	11009	941	3585	15534	1600	106.81	14.98
40年	0%	8442	972	2824	12237	1272	106.81	11.91
	5%	11274	980	3676	15901	1642	106.81	15.37
	10%	17215	980	5609	24304	2479	106.81	23.21
50年	0%	10000	1004	3301	14306	1481	106.81	13.86
	5%	14624	1018	4690	20334	2084	106.81	19.51
	10%	27199	1018	8465	36682	3719	100.8	34.82

數據來源：錢塘江河口治理成效評估，p97。

　　根據已有研究成果顯示，錢塘江防治工程的效益費用比可設定在 11.43～15 之間。效益費用法是土地過去逐年開發利用過程中實際產出效益（考慮土地彈性系數），它們的側重點雖有不同，但效益費用比都遠大於 1，說明治江附產品—土地是很大的資源。浙江自身發展存在地少人多的現實情況，灘塗的開發利用為建設開發新的工業園區、現代農業基地及城市發展提供了巨大的空間，對浙江省國民經濟的發展起到了重要作用。

7.4.3.3 社會和環境效益 [註40]

　　錢塘江防治工程及標準海塘工程實施後，創造了良好的社會效益。

　　首先，增強了錢塘江兩岸防禦洪、潮、澇災害的能力，保障了社會穩定。防洪潮能力的增強避免了有形的經濟損失，同時也避免了無形的損失，如生命傷亡、瘟疫疾病的暴發、人口流徙而引起社會不穩定、文化古蹟的破壞，以及造成人類生存環境的惡化和生態系統的破壞等等。

　　其次，促進了兩岸沿江開發區的建設和發展。浙江省委、省政府主要領導多次作出重要批示，明確指出要加大灘塗圍墾力度，走出一條具有浙江特色的經濟發展道路。目前，錢塘江南北兩岸已形成多個開發區，為浙江經濟社會的發展提供了支撐。

〔註40〕浙江省水利河口研究院，浙江省錢塘江管理局，強湧潮錢塘江河口治理關鍵技術研究與實踐〔R〕，2013：204～206。

第三，增加了社會就業機會，為吸引國內外投資創造了條件。

第四，促進了兩岸沿江房地產價值增值。錢塘江河口治江縮窄形成多道防線以及高標準海塘的建設，提供了兩岸安全屏障，沿岸土地的價值也隨之大幅度增加。

另一方面，錢塘江防治工程遵循順應自然、逐步摸索的治理方略，防治工程實施後不僅保護了錢塘江獨特的自然景觀和人文景觀，還創造了良好的環境效益和生態效益。

首先，錢塘江防治工程實施後，減少了下游各段面的進潮量，水中含沙量和鹽度降低，這使得西湖、杭州市區河道、蕭紹平原河網從錢塘江引水的時間增長，水量增大，對改善西湖和內河河網水質作用明顯。

其次，實現了灘塗開發、利用和生態環境保護的雙贏。錢塘江防治開發過程中，注意濕地開發的規模和速度，保持灘地動態平衡，滿足候鳥遷棲、紅樹林生長、重要魚類繁衍生產、生物多樣性等生態系統的維持。

第三，提高了岸線資源開發利用率。治江縮窄後，河床趨於穩定，南岸40公里的岸線主流貼近岸邊、水深條件改善，可作為港口航運資源開發利用。南北兩岸較穩定的河床條件為排污口、排澇閘、過江通道、油管線路電纜及旅遊等岸線布置提供了基礎。

第四，保護湧潮景觀的多樣性、強度和觀潮點。錢塘江湧潮是世界少有的自然奇觀受到重視和保護。錢塘江江道縮窄後，湧潮的強度、地點、多樣性（一線潮、回頭潮和交叉潮）未受到明顯影響。相反，由於減少了主槽擺動，湧潮到達時間更準確，年際、年內湧潮大小的變化幅度減小，並增加了多個很好的觀潮點。

第五，保護了33公里長的明清古海塘。明清古海塘是中國古代三大建築工程之一。對明清魚鱗石塘實施加固，增加保護措施，使得這一百年歷史的水工建築物得以很好的保存，增加了錢塘江海塘及湧潮景觀的文化遺產價值。

第八章　結論與討論

　　自 1911 年至 2010 年，錢塘江防治工程歷經百年已基本完成。回顧百年防治史，在現代科技日益發展的新的歷史時期，錢塘江防治工程在幾代人的艱辛努力和不斷摸索之中逐步完成。科技的進步是錢塘江防治工程取得較好效果的根本原因，這是內因；但大型水利工程建設從前期基礎科研到規劃設計再到工程實施是一個系統而漫長的過程，這其中涉及社會政治環境、生產力發展水平、領導者和工程技術人員等外在因素的影響，這些外因也直接影響甚至決定著工程的發展方向。

　　錢塘江防治工程是現代中國流域治理工程的一個案例，工程的立項、實施和執行過程中產生了眾多爭議和分歧，更有很多值得借鑒的經驗教訓。本章將在前面史實梳理得基礎上，總結工程的經驗教訓。同時，將老一輩專家學者對錢塘江治理工程未來的考慮加以介紹，筆者相信：以他們一生從事治江工程的親身經歷，對問題的思考和見解一定有些內容值得後人思考。

　　另一方面，在本章結語之後，筆者特意增加了討論的內容，引起新的問題和思考。因時間和篇幅有限，本文將不展開詳細討論，但未來應深入建議思考和探討。

8.1 錢塘江防治工程的經驗教訓

　　據史料記載，錢塘江海塘工程自唐開元年間始建，為應對潮災，保護兩岸安全，歷代無數官員和技術人員為此付出艱辛努力甚至生命。至清一代修建完成魚鱗大石塘，海塘防禦措施得到一定程度的鞏固和加強。

　　民國時期，戰亂不斷，但海塘工程仍為國家建設的重點工程，由國家和地方投入了大量人力、物力、財力不斷維修，同時探求應用西方科學技術來整治江道。經濟社會發展、政局尤其是戰亂，未能使該項工程得以長期深入開展。

　　中華人民共和成立後，面對兩岸坍塌的海塘，修築海塘成為浙江省首務。與此同時，江道變遷，坍江猛烈，百姓生命財產安全受到威脅，保灘護塘再次成為當務之急，與此同時謀求長治久安的治本之策也在謀劃、探索之中。大量的人力、物力投入到搶修海塘、搶險護坍工程中。

　　本文梳理了民國初期至 21 世紀初 100 年間錢塘江下游防治工程的開展過程，完整展現了錢塘江防治過程中，防治理念、防治方略、工程技術手段的變革及其實施情況。本部分內容希望能夠對錢塘江防治過程中的經驗、教訓加以總結凝練。

8.1.1　防治經驗

　　自 20 世紀 20 年代以來，對於錢塘江的防治一直有兩種不同的聲音和意見：一種是以繼續加固海塘為主，防禦海潮；另一種是暫時地「防」和長久地「治」相結合，防治災害和綜合開發利用河口內的各項資源同時並舉。對於兩種方案始終沒有定論。工程技術人員面對的問題是持續發生的坍江，面對兩岸熟地坍入江中，嚴重威脅兩岸平原的安全，制止坍江成為急需解決的首要問題。爭議之中，先修復海塘占主導地位，而以治江為主修築丁壩的方式來治江，因成效緩慢而處於弱勢。在此情況下，錢塘江防治工程的序幕得以拉開，因社會的動盪，防治成效也比較緩慢。

　　錢塘江防治工程是幾代人經過持續不斷的實踐摸索、不斷積累經驗，逐步發展完善防治理念。伴隨著科技的發展、基礎科研的加強、對江道演變特性深入的瞭解，防治方略不斷調整，歷經了民國末期照搬西方河口治理經驗，採取「順直河道，增大進潮量」的方案；中華人民共和國成立後，工程技術人員經大量實測數據資料對比，發現錢塘江河口治理應採取「減少進潮量」的治理原則；防治理念由「修築丁壩、縮狹江道」發展為「圍墾結合治江」，由「消滅湧潮」到「保護湧潮」。這些防治理念的變化是逐步形成和完善的過程，是人類對自然認識不斷深化對過程。

　　中華人民共和國成立後，錢塘江歷經幾十年的江道治理工程，實施「縮狹江道，減少進潮量，防治結合圍墾」的防治方略，取得良好的經濟社會效益；

同時，又很好的保護了湧潮——這一獨特的自然景觀。防治工程實施後，錢塘江江道最寬處被縮狹了四分之三，兩岸圍墾了近200多萬畝土地的副產品，也推動了錢塘江全線海塘建設和浙江全省千里海塘的建設。

縱觀錢塘江防治工程及其所產生的影響，用一位老工程技術專家的話來講「錢塘江防治工程總體是好的，沒有出現大的問題」。老先生所說的問題包括生態和環境問題。同時，防治工程開展後為兩岸百姓帶來了眾多社會和經濟效益。事實上，部分大型水利工程項目存在眾多爭議和質疑之聲。總結、分析、探討錢塘江防治工程的經驗和教訓，可以使我們瞭解水利工程建設過程中可能出現的問題，如何避免不符合自然規律的防治方案，按河流的自然特性來利用和治理河流是值得關注的問題。

錢塘江防治工程實施過程中，亦出現過多種防治方案，其中不乏不科學的防治理念。在多重因素影響、多種防治理念交匯開展過程中，防治工程的實施能夠選擇和堅持符合流域特性的防治方略，是值得我們探討的關鍵所在。總結錢塘江防治工程的經驗，主要體現在如下幾個方面：

（1）重視基礎資料的收集和科學理論的應用。自民國時期起，西方治水理念、治水技術傳入中國，錢塘江基礎科研工作才逐步建立起來。20世紀50年代後，面對即將開展的防治工程，加大基礎資料收集的力度，如開展對錢塘江水文、地質、江道、氣候等全方面的測量工作。建國初期，組建專業的測量對了測繪錢塘江江道地形圖，並形成制度每年至少測量三次，從而測繪出杭州閘口至澉浦、乍浦等地的全河段地形圖200幅左右，這為沖淤多變的錢塘江河口研究和防治工作提供了珍貴的資料。在極為特殊的「文革」時期，基礎測量工作仍在開展，其近百年的水文資料從未中斷，這是十分罕見的。

錢塘江海塘「累修累毀、累毀累修」，國家投入了大量財力，但無法從根本上解決海塘坍損問題。歸咎其根本原因之一，在於缺乏當時系統的水文、地形資料，缺乏重現期〔註1〕設計標準，無法確定高水位的堤頂高程，低水位海塘設計標準，海塘底腳保護及其整體穩定性的設計依據。以基礎數據為基礎，結合重現期概率理論的指導，從而計算出特殊水文年對可能造成破壞，從而設計制定海塘修築標準。

另一方面，錢塘江海塘修築及防治工程的演進歷程，充分體現了科技發展

〔註1〕重現期是指大於等於或小於等於某一水平的隨機事件在較長時期內重複出現的平均時間間隔，常以多少年一遇表達。

的重要作用。受歷史條件的限制，民國及其以前海塘修築施工技術不足，海塘堤腳高程、樁頂高程都太高，而樁基太短。遇到江道順直、低水位年份，潮汐對堤腳沖刷大，導致樁基外露，堤腳被掏空使塘身失去穩定性。1997 年開展的北岸險段海塘加固工程，充分利用了 50 多年來積累的系統水文資料，形成設計標準，方使海塘工程得以穩固，至今沒有出現問題。

基礎實測數據資料在錢塘江河口河床演變、江道治理上起到了關鍵作用。完整系統的實測數據資料與理論相結合，保障了江道縮狹程度的科學合理；科研工作者將數學模型、物理模型的測算結果與錢塘江實測數據進行對比分析，從而選取最優的治江方案，這是錢塘江治理工程在技術上的一大突破，也保障了江道防治方案的科學性和合理性。

（2）逐步摸索，逐步實施。錢塘江以強湧潮著稱，每日兩潮常年不斷，進入汛期的 7、8、9 三月潮勢更猛，國內外均無防治此類強湧潮河口的經驗，施工作業更是困難重重。受歷史條件和科技水平的限制，科技理論和技術水平不足，加之缺乏基礎實測數據，無法從根本上認識存在問題的本質，亦無法制定科學、合理的防治之策。在此過程中，只能採取「逐步摸索、逐步認識、逐步驗證、逐步實施」的方法。

錢塘江防治工程是伴隨科技發展而逐步修訂完善的。受歷史條件的限制，明代及其以前，只能在江邊灘地上打樁、砌築條石，修築石塘。「以退為守」的方略使錢塘江江道不斷加寬，南北兩岸堤距日益變大。寬泛的江道，使錢塘江主溜受豐枯水文年的影響而左右擺動。當主溜與堤線形成交角後，就會產生垂直潮浪打擊海塘、淘刷塘腳，使得塘腳高程降低。塘腳高程的降低又導致塘腳鎮壓土層變淺，承載塘身的壓力變小，從而降低直立式石塘的整體穩定性，抗滑穩定系數減低而失穩。有了這些認識，工程技術人員可以應用擋土槽、土壤設計理論來展開計算，從而改進海塘設計和制定老海塘加固方案。這也是採取縮狹江道防治方略的根本之所在。江道縮窄後，江水主溜擺動幅度受到限制，與堤塘交角變小，水流平順與海塘，從而減小對海塘塘腳的沖刷，增加海塘的穩定性。這些科學的認識，離不開技術的發展和不斷積累的實踐經驗。這也是防治工程為什麼要「逐步摸索，逐步實施」的關鍵所在。

民國以前，錢塘江防治工程主要採取修築海塘的方式來實行防洪禦潮的目的。民國時期，防治工程從「被動防禦」逐步向「主動防禦」過渡，為應對南岸坍江問題實施穩定江槽計劃。工程技術人員吸收和引進西方技術，通過在

江道內修築丁壩群來改變江流走勢，實現防治坍江、穩定江槽的目的。中華人民共和國成立後，工程技術人員吸取赭山灣丁壩群失敗的教訓並提出：當灘地在治導線內，可以先行圍塗，再保已建成圍堤。這一方法較修築丁壩取得了事半功倍的效果。因此，20世紀60年代末期，當南岸出現大片灘塗時，採取圍墾與治江相結合，開創了「圍墾結合治江，圍墾服從治江」的新途徑。這一方略也是在實踐工作中，將社會政治運動與工程建設實際相結合而形成的獨特治江方略。工程技術人員為防止盲目圍墾，保障河道寬度符合自然流勢，強調並制定錢塘江治導線。錢塘江防治工程不能為了圍墾這一眼前利益而放棄江道整治的長遠利益。工程實施過程中，工程技術人員採取靈活應對的方式，根據江道變化情況對治導線進行調整。

另一方面，錢塘江河口段防治工程是自上游錢塘江大橋開始，逐步向下游強湧潮江段逐步推進。因缺乏防治經驗，亦不清楚江道防治工程會對江道產生怎樣的影響。因此，工程技術人員尤其是技術負責人提出「逐步實施、逐步摸索、逐步驗證、逐步完善」的原則，不可過急過快開展工程，以免造成無法挽回的後果。這是錢塘江防治工程最值得推崇的經驗之一。河道防治工程的成敗影響深遠，必須採取謹慎、求實的態度，且要符合自然規律，「人水和諧」是中國祖先留下的治水良策。中國古代成功的水利工程項目無不體現了這一治水理念。

（3）重視專家治江，博採眾家之長，代代相傳。專家防治是錢塘江防治工程能過獲得成功的重要因素之一。1928年後，錢塘江海塘工程局歷經多次重組和變革，但堅持實施專家治江的原則，局長及技術部門負責人均為專業技術出身，且在國內具有一定的影響力。這樣的組織原則，使得錢塘江防治工程具有了專業的研究團隊，能夠聯合國內外相關專家共同探討防治問題，為科學實施防治工程奠定了堅實基礎。

民國時期，錢塘江防治工程匯聚了國內最為頂尖的水利工程專家，如：李儀祉、茅以升、汪胡楨、須愷、徐世大等等，他們均接受了現代水利科技教育並具有留學背景，瞭解國內外水利建設動態，能夠科學、合理、有效地展開研究工作，同時吸收眾家之長。此外，錢塘江防治工程除擁有實力強勁研究團隊外，還聘請中外專家共同會診錢塘江，為防治工程和海塘修築工程提供建議和意見。

　　1949 年後，因錢塘江防治工程的開展，浙江省留下了大批國民政府時期國內優秀的水利工程技術人員。這批工程技術人員在建國初的海塘修築和防治工程中發揮了極其重要的作用，如吳又新、馬席慶、董開章、戴澤蘅、李光炳等等。錢塘江防治工程就像一根接力棒，建國初期以馬席慶為主提出丁壩促淤方案，並將海河防治經驗和研究方法引入到錢塘江防治工程中。其後，戴澤蘅、李光炳繼續展開多方面的研究工作，對錢塘江河流特性有了深入的認識，結合工程實踐提出防治方略。此後，又形成了以韓曾萃、林炳堯、熊紹隆等為主體的新的科研團隊，進一步研究防治規劃方案、治導線的設計及海塘修築問題，同時考慮杭州灣的綜合防治開發，將錢塘江防治工程取得的科技成果應用於解決現實社會需求問題，做到錢塘江科技成果不僅僅服務於錢塘江，擴展至為社會其他領域提供技術支持和服務。

　　建國初期，因人才匱乏，很多技術人員是從設計、施工隊伍中抽調，採取「幹中學」的辦法，自發組織開辦各類輔導班尤其是英語輔導班，收集國內外河口研究文獻供大家學習參考。同時，派技術人員參加專業的培訓和學術會議，政策上支持在職人員攻讀碩士、博士學位，學位論文結合單位工作安排。

　　錢塘江防治工程的有效開展，離不開國內眾多一流水利專家的參與。20 世紀 60 年代，錢功教授指導河口河床演變分析；20 世紀 70 年代，林秉南指導下開展動床泥沙數學模型、兩維水流數學模型試驗與實測數據進行對比分析，深入研究江道縮狹對錢塘江所產生的影響，以選取最優的防治方案。「文革」期間，兩位先生相繼來到錢塘江參與防治工程，尤其是 1972～1977 年間，林秉南院士每年都有 3 個月來到杭州參與科研工作，兩位專家在將錢塘江河口研究帶入科學前沿問題的同時也培養了大批人才。自 1958 年至 1980 年 22 年間，林秉南院士一直關注著錢塘江防治問題。這些專家的到來不僅幫助解決了實踐問題，還積極幫助聯繫國外專家學者，獲取國外最新研究成果，開展學術交流活動，拓展了工程技術人員的研究視野和研究層次。錢正英部長在錢塘江防治工程關鍵決策問題上起到了至關重要的作用，阻止了建閘方案，成功促成高標準海塘建設工程。

　　20 世紀 70 年代，老一輩科研工作者已經意識到學科帶頭人的作用。他們認為多數工程技術人員只能引用已有方法進行操作應用，只有少數人才可以有所開拓發展。〔註2〕在極度強調集體和群眾作用的特殊歷史時期，突出個人

〔註 2〕戴澤蘅，錢塘江治理的回顧與思考〔J〕，河口與海岸工程，2000：79。

是極大的風險。科研機構成長的標誌在於「出成果，出人才，關鍵是人才」。正是老一輩工程技術人員先見之明，為錢塘江防治工程培養和儲備了大批人才，才使錢塘江防治工程取得持續性進展。

（4）防、治結合，先防後治。工程技術人員在修復加固明清海塘的同時，也積極研究江道治本之策，以減少湧潮對海塘底腳的沖刷，故錢塘江河口治理工程採取「縮狹江道」的治理原則，使水流平順於兩岸堤防，減少河道深泓擺動、頂沖海塘，從而有效的將治江工程與海塘修築工程相結合，同時，形成治江副產品圍墾大量土地。圍墾土地滿足了兩岸群眾對土地的需求，政府採取「不與民爭利」的圍墾政策，防治工程 80% 的資金和勞動力來自地方政府和群眾，改變了以往以中央政府為主導的防治格局。「不與民爭利，利益共享」的圍墾政策極大的鼓舞了地方政府和當地群眾的積極性，加快了防治工程開展的效率和速度。中央（省級）政府負責技術指導，對錢塘江治導線進行制定、監控和檢查，保障了錢塘江防治工程綜合效益的取得。

20 世紀 90 年代，標準海塘工程的修築完成，更好的保護了防治成果和兩岸百姓安瀾，成為新的海上屏障。

與此同時，33 公里明清老海塘的保留及湧潮自然景觀的保護，又為世界人民保護了歷史文化遺跡和壯美的自然景觀。將「工程建設」與「生態環境保護」完美的結合，是錢塘江防治工程另一個突出貢獻。

（5）統一管理機構。海塘每日每時都要承受多種動力作用的水下工程，隨時可能出現險情，必須跟蹤監測，因此須由統一的管理機構進行日常維護管理。專門的海塘修築維護隊伍自宋代便已設立，此後不斷發展演變，至清末形成專門的管理機構，專職負責海塘的維護工作，此機構得到沿革，管理職責隨著防治工程的開展而不斷調整。錢塘江海塘工程局的為系統、完整、科學開展防治工程奠定了良好基礎。該局一直負責兩岸海塘的維護，對海塘坍損及修築技術有著全面系統的把握，有利於海塘修築工程的順利開展。另外，該局全面負責基礎測繪、科研、施工與管理工作，有助於提高工作效率；形成了以技術骨幹為領導層的管理體制，潛心研究，解決了一系列規劃、設計、管理問題，並推進《錢塘江管理條例》的出臺，使錢塘江的管理走入了法制化。

（6）以防治工程為依託，帶動科技實力的增強。錢塘江防治工程是幾代工程技術人員共同努力取得的成果。在工程實施過程中，培養了大批工程技術專家、學者，取得多項技術突破。在引進、消化、吸收西方水利科技成果的基

礎上，將西方技術理論與防治工程實際相結合，成功實現技術的本土化。在強
湧潮河口防治理論、湧潮研究等方面的研究水平、研究成果居於世界前列。

在應用新技術、新方法解決防治問題的同時，拓展研究領域，解決經濟社
會發展急需解決的社會問題。錢塘江防治工程圍墾土地 200 多萬畝，改善了兩
岸平原的排澇條件。工程技術人員利用已有技術手段解決了錢塘江鹽水入侵
問題、杭州市飲用水取水問題、秦山核電廠取水問題，及潮浪對秦山核電廠的
影響、秦山核電廠段海塘修築問題等眾多制約經濟社會發展的現實問題。

綜上所述，錢塘江河口段防治工程自民國至今已整整一百年，總結歷史的
經驗教訓：社會的穩定、經濟的發展是決定性的外因，科學技術的發展又是最
為關鍵的內因。回顧百年來科學技術的快速發展為人類社會發展提供了巨大
的動力。錢塘江河口的防潮減災、江道治理、河口資源開發利用、保護兩岸基
本建設成效……，無論是防治理念、方案、結構設計、施工技術無不充滿了科
學技術的巨大作用。因此從科學技術史的視角，總結、研究錢塘江河口的防治
過程具有重要的學術價值和現實意義。

8.1.2 教訓

錢塘江防治工程歷經兩個歷史時期幾代水利人的共同努力，至 21 世紀初
已基本完成。錢塘江防治效果取得經濟和社會效益以及技術的進步，但工程開
展過程中出現的一些問題仍值得反思。

流域治理工程是重大水利工程項目，研究和實施過程中出現不同的思想
和設計理念都是正常的。20 世紀 60 年代開展的七堡樞紐工程，實行邊設計、
邊施工的方法，在設計理念、基礎科研、設計方案尚不成熟的情況下，施工隊
伍進駐施工現場展開施工。防治方案最終被否決取消，造成了巨大經濟損失。

錢塘江多個攔江建壩方案的提出是在特殊的歷史時期，領導者考慮到特
殊的需求而設立開展的工程項目。我國很多工程建設，尤其是大型水利工程建
設項目，受到社會因素、政治因素的影響極大，對社會、經濟、環境、生態等
問題的關注甚少，這也是我們值得反思和探討的重要內容。

在特殊政治環境下，工程技術人員的做事做人原則、良知受到拷問，個人
的榮辱得失、政治待遇與工程建設的成敗往往糾葛在一起。在此情況下，工程
技術人員如何權衡、取捨？如何能夠尊重科學，講出真話實話？主管技術人
員、主管領導者的態度和處事方式將起到關鍵作用，這也是我們需要深入探討

的工程建設中「人」的因素。個人的素質、科學素養、人品和責任心等個人內在條件不同將直接影響工程建設的方向。這是一個複雜的命題，又是不可規避的影響大型水利工程建設的重要因素。

8.2 未來規劃發展應關注的問題〔註3〕

錢塘江下游防治工程自 21 世紀初已基本完成，未來的綜合開發利用的重點在杭州灣。自杭州灣修築人工島方案被否定後，大型水利工程建設項目開展的機率很小。2005 年，浙江省水利河口研究院制定新的《杭州灣綜合防治開發的規劃方案》，科研人員再次進行深入研究，提出了新的 2020 年防治規劃線。該規劃線兼顧防治、圍墾、航運、環境、生態等諸多方面的意見。錢塘江河寬已被大大縮狹，是否還可以進行圍墾？圍墾多少？這些問題需要更為深入細緻的研究，不能為了眼前圍墾小利而損失錢塘江河道防治的大利。

部分從事錢塘江防治工程的老專家提出：杭州灣南岸有部分可以圍墾利用，但不能過多，不可影響北倉港水深。現在地方上對圍墾很感興趣，科研工作一定要注意考慮下游的淤積問題，要保障秦山核電站、乍浦港和北倉港的安全，一旦被淤積就是大問題。錢塘江河口逐步縮窄的方案是要遵循的，但進一步再縮窄的話還需要做更深入的研究工作。〔註4〕

放眼於錢塘江流域末端杭州灣的中遠期規劃考慮，戴澤蘅先生、李光炳先生認為盡可能減少大範圍圍塗，南岸圍塗規劃線設計的環境影響可歸納為四個方面〔註5〕：

（1）圍塗後對杭州灣潮波變化的影響，將導致杭州灣及河口段高低潮位變化，對防潮、排澇產生影響。因多年圍塗縮江已對高低潮位產生影響，大潮期澉浦、乍浦高潮位意見抬高，向上遞增，七堡最大，進一步縮狹江道引起潮波變形幅度較小，但疊加之後的影響仍不容忽視。現有海塘防潮標準，不足以抵禦特強臺風暴潮與天文大潮相遇的水平，高潮位即便進一步小幅度抬高

〔註3〕戴澤蘅、李光炳，錢塘江河口治理艱辛歷程的回顧〔R〕，2006：34。
〔註4〕戴澤蘅、李光炳，親歷錢塘江河口治理開發過程的回憶——戴澤蘅、李光炳訪談錄〔J〕，中國科技史雜誌，Vol.36，No.2（2015）：225。
〔註5〕因筆者對水利專業的知識知之甚少，此部分關於杭州灣未來發展規劃設想的建議源自戴澤蘅先生、李光炳先生的考慮。筆者考慮老先生年事已高，且一直從事錢塘江治理工程，有著自己獨到的認識和見解，故在此處引用，希望能對後來者有所啟迪。

也應認真對待。

（2）圍塗後對北岸深槽秦山、乍浦、金山、小洋山一線的影響。南岸圍塗將使南堤北移，有利於水流向北集中。但江面寬，秦山至乍浦段南北兩岸間還有兩條水下淺灘和三條深槽，南岸圍塗堤線的走向、布置，尤其是新堤線上段（澉浦斷面附件）布置的不同，對水流在斷面上的分布也會不同。緊貼北岸的深槽是否能有足夠的單寬潮流量維持其水深，還需具體分析。若北岸深槽過水量不足，還可以通過澉浦淺灘上建造導流潛順壩進行調整。

（3）對南岸金塘水道以至寧波—舟山水域港口航道的影響。這是最值得關注且認識不足的問題。2005 年 12 月評審《錢塘江河口綜合規劃》報告中，對此問題的分析上不夠明確。首先，需要探明此處水域水深較大的主要條件是什麼？狹島效應的作用多大？杭州灣漲落潮吞吐量大小對其影響如何？如果海黃山（或龍山）以南、以東不圍塗，不侵佔寧波—舟山水域西北側漲落潮流的通道。只在此山以北、以西圍塗，即杭州灣南岸圍塗僅限於西三閘—海黃灣（或龍山），範圍多大？堤線北移多遠？還可以使寧波—舟山水域基本上不受影響。是否可以設想一、二個極限外移的規劃堤線，先從潮波二維計算分析其流場變化，探求出一個「極限」方案。

（4）對杭州灣南岸濕地生態以及杭州灣和舟山水域生態環境的影響。在探求「極限」方案基礎上，先分析杭州灣及灣口以東至舟山群島諸島（大漁、岱山、大衢、大小洋山、嵊泗等島嶼）之間流場變化。今後視需要再逐漸深入到地形地貌和生態環境的變化。

（5）錢塘江河口段的防治圍塗過程出現了江道淤積從上游向下游傳播的現象，鹽官至澉浦段江底平均淤高 1 米左右，杭州灣澉浦至金山在 1985～2000 年間淤積了 13.77 億米3，平均淤高 0.3 米。淤積趨勢仍將繼續，其對潮波變形的影響也應予以分析。

（6）澉浦以上河口段不宜繼續縮窄，即使澉浦斷面江寬還將進一步縮窄，澉浦以上江寬也不必按收縮率作相應縮窄，以便留下一個較大的納潮空間，以減少澉浦至金山段的淤積。為控制該河段主槽靠近曹娥江大閘附件的要求，可興建中低水位的丁順壩調整，但不要超出現有規劃堤線興建新的堤線。在大閘和碼頭附件以外河段主槽的擺動似無大礙，不必為之興建控導工程。

這是專業技術人員從專業技術角度和政府對土地需求角度考慮進一步防治圍墾應注意的問題。

另一方面，老一輩專業技術領導對錢塘江未來在浙江省經濟社會發展中的作用也提出了新的要求。

筆者對浙江省水利廳老廳長陳紹沂先生進行訪談，他對此問題就提出了自己強烈的意見和觀點。他認為：「未來錢塘江對浙江省的社會經濟發展應發揮更大的作用。一，要急速考慮出海通航問題；二，應考慮水質分配率問題，要計算錢塘江可容納的排污量問題，制定錢塘江排污標準。在管理好錢塘江的同時為兩岸經濟社會發展提供服務，讓錢塘江繼續造福浙江人民。未來要考慮在南岸建出海碼頭，擬訂解決出海航運的可能性方案。這個事情可由錢塘江管理局出面協調，省水利廳支持，委託不同單位負責具體技術支撐。也可以考慮將錢管局升格為副廳級單位，這樣方便與地方平級單位的對話事實上，最初錢塘江管理局叫「錢塘江工程局」。1992 年，再次重組建立時，我們特意將「工程」二字去掉，目的就是為了說明：不僅要建設海塘，搞工程，更要做好對整條流域的治理工作。」〔註6〕

錢塘江管理局內部越來越關注錢塘江古海塘及湧潮景觀的文化遺產價值，並積極為申報世界文化遺產展開前期調研和資料準備工作。錢塘江未來治理規劃的重點、發展的方向還需要多方進行深入的研究探討。

8.3 討論

8.3.1 我國水利建設概況

西方學者魏特夫通過研究中國歷史認為中國社會為「治水社會」，歷史上朝代的更迭均與水利工程建設密切相關；中國學者冀朝鼎在研究中國歷史上經濟區的劃分中，亦提出同類觀點，認為：歷史上的中國，經濟的興衰發展離不開水利建設。

縱觀中國發展歷史，大型水利工程建設從未停止過。華夏文明自「大禹治水」的傳說而肇始創建夏朝；戰國時期，西門豹修建漳水 12 渠使鄴城富庶，楚國修建芍陂而形成芍陂灌區，鄭國渠的修建使秦得以富強，李冰父子修築都江堰滋養川西平原；秦時，為統一邊疆而修築靈渠，溝通了西南邊陲與內陸的聯繫；西漢武帝開通漕運、修建白渠和鄭國渠，形成關中灌區；東漢順帝興修錢塘江流域的鑒湖灌區；王莽時期，開墾雲南滇池灌區；三國時期，曹魏大力開

〔註 6〕陳紹沂老廳長訪談內容。

發淮河流域，興修陂塘、溝通渠道，但因戰亂無法形成大規模灌區；隋唐大運河開鑿完成，影響至今；唐代中後期，寧波它山堰修建完成，太湖、長江流域水利得以全面開發；宋代，圍湖造田、築堤防洪；元代，軍屯墾殖，水利灌溉；明清時期，發展邊疆水利，形成黃河後套灌區、寧夏河套灌區，應對黃河災害；民國時期，西方水利技術傳入，發展近代水利科技，綜合開發利用水資源。

20 世紀初，伴隨西方水利科技的傳入，大批接受近代水利科學教育的學子學成歸國。由此，開啟了近代中國水利科學學科建制化發展的開端。自中央至地方，逐步建立專門的水利管理機構，制定水利法規，開展水利專科教育，組建水工實驗室，組建學術團體；重視基礎科研，開展流域調查，制定流域發展規劃。

毛澤東主席早在 1934 年就提出「水利是農業的命脈」。[註7]中華人民共和國成立後，「水利被列入農業建設的首位，每年冬春中全國範圍開展大規模農田水利建設，並有步驟地整防治河」。[註8]1950 年，淮河發生大水災。同年 10 月，中國政務院發布《關於防治淮河的決定》。1955 年 7 月，第一屆全國人民代表大會第二次會議通過了《關於根治黃河水害和開發黃河水利的綜合規劃的決議》，該決議決定興建黃河干流的三門峽水利樞紐工程。1958 年 3 月，中共中央政治局通過《關於三峽睡了樞紐和長江流域規劃的意見》，決定興建漢江干流的丹江口水利樞紐。1963 年海河發生特大洪水，決定大規模整治海河。同時，遼河、松花江、珠江等主要江河和中小河流，進行了不同程度的防治和開發。[註9]

「文革」之後，特別是十一屆三中全會以後，我國水利建設的方針發生了較大的調整，此前一直以「水利為農業服務，提高糧食產量」為主要目標。此後，水利工作的方針為「加強經營管理，講究經濟效益」；改革的方向為「轉軌變型，全面服務」，即從以農業為主轉到為社會經濟全面服務的思想，從不講投入產出轉到以提高經濟效益為中心的軌道，從單一生產型轉到綜合經濟型；在水利工程管理中，推行「兩個支柱，一把鑰匙」，即以水費收入和綜合經營為兩個支柱，以加強經濟責任為一把鑰匙，使水利工程的管理逐步轉為良性運行的機制。[註10]

〔註7〕毛澤東，我們的經濟政策〔R〕，第二次全國工農代表大會。
〔註8〕錢正英主編，中國水利〔M〕，北京：中國水利水電出版社，2012（1）：619。
〔註9〕錢正英主編，中國水利〔M〕，北京：中國水利水電出版社，2012（1）：619。
〔註10〕錢正英主編，中國水利〔M〕，北京：中國水利水電出版社，2012（1）：621。

　　正是高層對水利建設目標、任務及發展方向的調整。改革開放後，中國迎來了水利建設的大發展時期。由此，帶動了我國水利科學技術的進步，形成了水文學水資源、農田水利學、河流動力學、環境水利學、水旱災害、水能利用及水力機械、海岸工程學、工程水利學、水工建築學、岩土力學與工程、水利工程管理及水利移民等系統的學科體系。尤其在水利工程建設方面，完成眾多水利工程建設項目及綜合性水利樞紐工程，泥沙運動、河流動力學、湧潮研究、大壩建設等多個學科達到世界先進水平。

　　幾十年的發展建設，中國水利有成功亦有失敗，其中的經驗教訓值得我們思考和總結。而對於這些問題，老一輩水利專家亦進行了思考。作為後輩研究者，筆者對他們的思考和認識加以闡述。

　　大型水利工程建設涉及的建設規模大、投資大、工期長、影響廣等特點，工程決策對工程的上馬、實施起到了關鍵作用。近代以來，大型水利工程建設受西方水利科技的影響，往往通過修建大型水工建築物來綜合開發利用水利資源，以解決水旱、洪澇災害。中華人民共和國成立後，我國在各大流域開展大規模水利工程建設，希望從根本上解決中國水資源不足、分布不均、洪災頻發等眾多問題，希望變水害為水利，讓水利建設更好的為經濟社會發展服務。

　　面對成功，人們更多的是享受其帶來的成果和好處；面對失敗，決策者和執行者將面臨更多的質疑和不滿。質疑之聲將更有利於我們思考存在的問題和不足，更好的制定規劃，完善方案。

　　中華人民共和國成立後，毛主席提出的「更立西江石壁，截斷巫山雲雨，高峽出平湖，神女應無恙，當驚世界殊」的狀況胸懷和夢想激勵著水利人改天換地的決心，激發了大家的建設熱情。建國初期的淮河水災，「一定要防治好淮河」成為自上而下的全民目標。淮河防治工程的實施與黃河密不可分。作為孕育華夏文明的母親河黃河和長江，亦帶來無數災難，黃河與長江的防治問題也進入了最高領導者的視野。20 世紀 50 年代相繼提出黃河流域、長江流域防治規劃方案。

　　作為一直從事中國水利建設事業的老專家、老領導錢正英部長，在總結中國水利工程建設決策經驗時談到：1955 年的治黃方案的決策是最大的失誤。〔註11〕三門峽水庫的修建導致黃河防治工程至今仍備受爭議。受三門峽工程

〔註11〕錢正英主編，中國水利〔M〕，北京：中國水利水電出版社，2012（1）：621。

的影響，國家對長江流域規劃方案採取更為謹慎的態度，國家和領導者聽取多方不同意見。在 1958 年 1 月南寧會議上，毛澤東主席設下擂臺，由林一山和李銳就關於修建三峽工程進行論辯。林一山力主三峽工程即刻上馬。李銳則據理力辯，反對上三峽工程。毛澤東主席根據當時的形勢決定三峽工程暫不上馬。〔註 12〕1958 年，國家制定長江流域規劃，因三峽工程意義重大，但建設條件不成熟，決定先建漢江的三江口水利樞紐。〔註 13〕

三門峽水利樞紐工程項目的三門峽水庫攔河大壩和水電站委託蘇聯電站部水電設計院列格勒分院負責，該院是蘇聯水電工程規劃設計的翹楚，埃及阿斯旺大壩便由該院設計。〔註 14〕採取蘇聯專家意見，修建高壩工程，導致閘下淤積問題，大壩經多次改建、手術方避開閘壩的命運。該項工程成就了兩位工程師：一位是反對派代表黃萬里，另一個是低壩派代表溫善章。兩人一直表達著不同的意見和建議。該項工程是在國家領導人的極度重視下開展的，是舉全國之力修建的大型水利工程項目。在領導及總工程師人選方面是國家經過慎重考慮而確定的。據張光斗先生回憶：當時的水利部部長傅作義曾有意讓其擔任黃委會總工程師，張先生提出「我不懂治河工程，做不了黃委會的總工程師」。〔註 15〕最終，黃河水利委員會總工程師確定為汪胡楨先生。該項工程在決策、規劃時發生失誤；在工程實施過程中，汪胡老帶領技術人員解決了眾多科技難題，為後來的水利工程建設積累了經驗。

縱觀中國治水史及中國傳統文化的影響，中國歷史上眾多成功治水工程更為注重「順應自然，實現人水和諧」。近代以來，受西方水利工程建設方略的影響，我們更強調通過人力改變自然，綜合開發利用水電資源。由此，大批水利工程項目上馬，流域防治則以梯度開發、修建水電項目為主。至 2013 年，我國已建成具有防洪、供水、灌溉、發電、航運、生態等功能的水庫大壩 8.78 萬座，總庫容 7162 億立方米，水電裝機容量達 2.31 億 kw，成為世界上擁有水庫大壩數量最多和水電裝機容量最大的國家。〔註 16〕

〔註 12〕周志德，「天人合一」治河觀概說〔J〕，中國水利水電科學研究院學報，Vol.8，No.3，2010：236。
〔註 13〕錢正英主編，中國水利〔M〕，北京：中國水利水電出版社，2012（1）：622。
〔註 14〕靳懷春，悲壯三門峽〔M〕，北京：作家出版社，2013：61。
〔註 15〕王光綸編著，情繫山河張光斗傳〔M〕，北京：中國科學技術出版社；上海：上海交通大學出版社，2014：100。
〔註 16〕陳雷，序一，賈金生主編，中國大壩建設 60 年〔M〕，北京：中國水利水電出版社，2013。

　　中華人民共和國成立以來，我國水利建設事業取得卓越成就。但同時，我們也應該思考近代水利工程建設方略的不足，是否人力真的能夠征服自然？

　　2010 年《中國水利水電科學研究院學報》第三期發表周志德先生的文章《「天人合一」治河觀概說》。作為一生從事水利科學研究工作的工程技術人員，老先生從「人與自然和諧相處」的視角探討我國水利工程建設的成敗問題。歷代治水工程中，周老先生認為：大禹治水、王景治河、錢塘江防治工程是治河成功的典範；三門峽水利樞紐工程、我國 20 世紀 60～70 年代的「修直河及與河爭地」則是失敗的教訓。

　　英國考古學家史蒂文·米森（Steven Mithen）在探討水與人類文明的起源關係時，通過走訪世界著名的考古遺址來探討古代文明與水的關係。在其著作的最後，他指出「古代世界大部分地區和現在都嚴重忽視的一條重要警示，這就是來自大禹的經驗，李冰在修建都江堰時就利用了這條經驗，使得都江堰成為古代世界所有水利工程的翹楚。這條警示就是：順應自然，不要與自然對抗。」〔註17〕

8.3.2　水利工程決策的影響因素

　　水是人類歷史發展的主導因素，人類的生存、生活與其密不可分，有了水才有了文明的產生、繁衍與發展。古代城邦的構建首先要解決水的問題，清潔水源的供給、污水的排除是城邦選址最基礎的要素。自有人類聚落的形成，人類就在逐步開發利用水資源，房屋的選址、構建，聚落的選址均考慮到了水的問題。

　　從考古發掘來看，古城址的選擇、城址的興衰往往與「水」有著密切的關係。「水」是人類社會與自然環境協調發展大系統中的關鍵因素，水的開發利用影響到了區域自然條件的變化，進而影響區域經濟社會的發展。

　　人類發展歷史上從未缺少過各類水利工程建設。水利工程建設涉及人地關係、人與自然的關係。自近代以來，西方科技獲得長足發展，科技的進步，使人類對水的態度、對水的開發利用產生了巨大影響。人類希望通過大型水利工程建設展示人類戰勝自然的能力，通過人力解決水旱災害，同時充分開發利用水資源為人類服務。

〔註17〕〔英〕史蒂文·米森，休·米森著，岳玉慶譯，流動的權利水如何塑造文明？〔M〕，北京：北京聯合出版公司，2014：345。

大型水利工程的上馬，涉及國家、區域等多個層面，工程建設將影響整條流域的左、右岸及上、中、下游眾多民眾利益，工程建設將流域生態環境、長遠發展將產生數百年，甚至數千年的影響。水利工程建設的成敗影響之深遠、涉及面之廣是其他類工程所無法匹及的。

大型水利工程建設的立項、決策過程受到眾多因素的影響。通過前面的相關研究工作，我們可以瞭解到至少有以下幾類因素直接或間接影響著水利工程項目的開展。

首先，社會政治環境。大型水利工程建設需要集中大量的人力、物力，開展大規模、長時間的建設。穩定的社會環境、堅實的經濟基礎是開展大規模水利工程建設的前提條件。另一方面，社會環境在某種程度上影響著水利工程決策的方向。中華人民共和國成立以來，片面強調「人定勝天」、「改造自然」、「政治掛帥」，導致水利工程建設「重開發輕環境」，使得生態系統遭受破壞，水環境受到污染。〔註18〕

其次，科技發展水平。科技發展水平直接影響著水利工程規劃和決策的制訂。水利工程項目的實施必定要在科學研究的基礎之上逐步開展。科技發展水平直接決定和影響著水利工程建設的方向。沒有基礎科研、鋼筋混凝土技術，不可能開展大壩修築工程。

第三，社會現實的需求。社會發展的需要，是水利工程項目制訂和決策的依據，大型水利工程建設項目就是為了解決現實社會的需求，這是立項的前提條件。

第四，決策者的個人素質。決策者的個人素質、專業技術水平中關鍵時刻將起到決定性作用。任何一個水利工程項目都需要得到主管部門的批准，而決策者是決定項目能否實施的關鍵因素。好的決策者可以阻止錯誤的規劃決策方案，並提出質疑和意見。

第五，工程技術人員的職業良知。水利工程建設項目是民生工程，與無數百姓生活息息相關，好的工程項目造福後世子孫，失敗的項目也將殃及後世子孫。水利工程規劃、決策過程離不開工程技術人員的論證和認可，「尊重科學、按科學規劃辦事、依據科學數據說話」，「不唯書、不唯上」，「敢講真話」是對科技工作的最高評價，但並非所有工程技術人員都能做到這一點。

〔註18〕潘家錚，中國水利建設的成就、問題和展望〔R〕，賈金生主編，中國大壩建設 60 年〔M〕，北京：中國水利水電出版社，2013：16。

參考文獻

一、檔案資料

1. 浙江省檔案館,檔案號:J121-001-009-001,奉交辦農林水利部為編擬一九四九年水利總結報告,1949 年。

2. 浙江省檔案館,檔案號:J121-001-009-001,J121-001-010-001,水利局業務檢討會,1949 年。

3. 浙江省檔案館,檔案號:J121-001-009-001,J121-001-010-010,浙江省水利局業務報告,1949 年 8 月。

4. 浙江省檔案館,檔案號:J121-001-009-001,J121-001-010-022,第六次辦公會議記錄,1949 年 9 月 12 日。

5. 浙江省檔案館,檔案號:J121-001-009-001,J121-001-011-001,浙江省水利報告。

6. 浙江省檔案館,檔案號:J121-001-009-001,J121-001-012-041,浙江省水利局 1949 年工作成果(6 月～12 月),1949 年。

7. 浙江省檔案館,檔案號:J121-001-009-001,J121-001-021-059,華東區水利工作報告。

8. 浙江省檔案館,檔案號:J121-001-009-001,J121-001-021-062,華東區工程檢討。

9. 浙江省檔案館,檔案號:J121-001-009-001,J121-001-021-074,浙江省水利局報告——錢塘江海塘。

10. 浙江省檔案館,檔案號:J121-001-009-001,J121-001-024-018,浙江省水

利局一九五零年度水利事業工作綱要，1950 年。

11. 浙江省檔案館，檔案號：J121-001-009-001，J121-001-025-004，一九五零年度水利事業工作綱要，1950 年。

12. 浙江省檔案館，檔案號：J121-001-009-001，J121-001-025-008，華東區浙江省水利建設五年計劃大綱。

13. 浙江省檔案館，檔案號：J121-001-009-001，J121-001-044-001，為鈞部籌編一九五零年年刊擬造資料請鑒核由。

14. 浙江省檔案館，檔案號：J121-001-009-001，J121-001-053，浙江省 1951 年水利工程初步總結報告，1951 年。

15. 浙江省檔案館，檔案號：J121-001-009-001，J121-001-068-011，規劃工作總結。

16. 浙江省檔案館，檔案號：J121-001-009-001，J121-001-068-028，浙江省水利局一九五一年度擬辦水利事業計劃概要，1951 年。

17. 浙江省檔案館，檔案號：J121-001-009-001，J121-001-082-001，一九五二年工作綜合報告。

18. 浙江省檔案館，檔案號：J121-001-009-001，J121-001-083-001，一九五二年華東水利工作討論的總結。

19. 浙江省檔案館，檔案號：J121-001-009-001，J121-001-116，1953 年勘測工作總結。

20. 浙江省檔案館，檔案號：J121-001-009-001，J121-001-117，本省 1953～1957 年水利五年建設計劃的有關文件。

21. 浙江省檔案館，檔案號：J121-001-009-001，J121-001-120，本省水利建設五年計劃綱要、概要，1953-1957。

22. 浙江省檔案館，檔案號：J121-001-009-001，J121-001-135，本局 1953 年工作總結和 1957 年方針任務的報告。

23. 浙江省檔案館，檔案號：J121-001-009-001，J121-001-161，1954 年浙江省水利工作計劃，1953 年 12 月。

24. 浙江省檔案館，檔案號：J121-001-009-001，J121-002-021，本省 1956 年度海塘工作總結會議總結，1956。

25. 浙江省檔案館，檔案號：J121-001-009-001，J121-002-150-016，希迅速建立各縣水利科技情報組織的函，1959 年 5 月 22 日。

26. 浙江省檔案館，檔案號：J121-001-009-001，J121-002-164-008，十年來浙江水利建設的會議。

27. 浙江省檔案館，檔案號：J121-001-009-001，J121-002-185，本省十年來水利建設簡介。

28. 浙江省檔案館，檔案號：J121-001-009-001，J121-004-042-001，關於召開整修海塘現場和整修浙東海塘意見的報告，1960 年 1 月 11 日。

29. 浙江省檔案館，檔案號：J121-001-009-001，J121-004-042-013，想過去淚濕衣襟望將來心花怒放「東海長城」為民造福萬代。

30. 浙江省檔案館，檔案號：J121-001-009-001，J121-004-118，浙江省水利問題。

31. 浙江省檔案館，檔案號：J121-001-009-001，J121-004-194，本廳編送本省水利科學研究院十年規劃的報告，1963～1972 年。

32. 浙江省檔案館，檔案號：J121-001-009-001，J121-004-222-021，中小型鋼筋混凝土平面閘門初步總結，1963 年 9 月。

33. 浙江省檔案館，檔案號：J121-001-009-001，J121-005-043-001，四年來浙江省水利勘測設計、水文工作的基本情況（1953 年），1953 年 12 月。

34. 浙江省檔案館，檔案號：J121-001-009-001，J121-005-047，本局 1953～1957 年五年計劃，1954 年 1 月 20 日。

35. 浙江省檔案館，檔案號：J121-001-009-001，J121-005-101，錢塘江海潮試驗站 1952 年度基建年度總結的基本報表，1952。

36. 浙江省檔案館，檔案號：J121-001-009-001，Z009-0103-0218，關於有突出貢獻的中青年工程技術人員獎勵晉升一級工資的通知，1990 年 10 月 17 日。

37. 浙江省檔案館，檔案號：Z009-0103-0312，關於印發我省一九九一年給部分專家、學者技術人員發放政府特殊津貼的實施細則的通知，1991 年 5 月 7 日。

38. 浙江省檔案館，檔案號：Z009-0110-0350，關於同意陳漢林、孫守遷等同志入選浙江省「新世紀 151 人才工程」第一、二層次培養人員的通知，2002 年 11 月 15 日。

39. 浙江省檔案館，檔案號：Z009-0110-0387，關於印發《浙江省「新世紀 151 人才工程」（2001～2010 年）實施意見》的通知。

40. 浙江省檔案館，檔案號：Z009-0188-0177，關於印發《國家科技項目浙江省級財政科技經費匹配計劃管理辦法》的通知，2003 年 6 月 6 日。

41. 浙江省檔案館，檔案號：Z009-0320-0229，關於轉發國家科委《關於高級專家離退休問題的幾點說明》的通知，1983 年 9 月 12 日。

42. 浙江省檔案館，檔案號：J002-998-197403-020，關於成立富春江水電站引進設備和接待法國技術人員工作領導小組的通知，1974 年 12 月 11 日。

43. 浙江省檔案館，檔案號：J121-001-009-001，J121-001-052，本局局務會議和塘工會議記錄（塘工會議記錄），1951 年。

44. 浙江省檔案館，檔案號：J121-001-009-001，J121-001-090，浙江省海塘工程完成數量統計表，1949～1952 年度。

45. 浙江省檔案館，檔案號：J121-001-009-001，J121-011-171，本省「二五」期間興修水利成果統計，1962 年。

46. 浙江省檔案館，檔案號：J121-001-009-001，J121-001-213，蘇聯專家沃洛寧有關「沿海築閘後」閘處淤積問題意見記錄，1956 年。

47. 浙江省檔案館，檔案號：J121-001-009-001，J121-002-070，慈谿縣管城區海塘涵閘管理工作情況的介紹，1957 年 7 月。

48. 浙江省檔案館，檔案號：J121-001-009-001，J121-002-0137，水利廳編印《水閘》，1958 年 3 月。

49. 浙江省檔案館，檔案號：J121-001-009-001，J121-002-300，浙江省第一個五年水利工作初步總結，1958 年 3 月。

50. 浙江省檔案館，檔案號：J121-001-009-001，J121-004-230，中小型涵閘無樁設計初步總結中小型涵閘軟基處理問題，1963 年 9 月。

51. 浙江省檔案館，檔案號：J121-001-009-001，J121-004-329，浙江省 1965～1970 水利發展輪廓規劃（草案），1964 年 1 月。

52. 浙江省檔案館，檔案號：J121-001-009-001，J121-004-402，接待阿爾巴尼亞外賓情況簡報，1965 年 6 月 25 日。

53. 浙江省檔案館，檔案號：J121-001-009-001，J121-004-453，浙江省「三五」期間水利化的設想，1966 年 4 月 7 日。

54. 浙江省檔案館，檔案號：J121-001-009-001，J121-014-782，軟黏土地基處理參考資料，1977 年 9 月。

55. 浙江省檔案館，檔案號：J121-001-009-001，J121-021-466，老海塘加固技術全省海塘加固技術經驗交流會紀要，1983 年 11 月。

56. 浙江省檔案館，檔案號：J121-001-009-001，J121-021-643，杭嘉湖南排長山閘工程。

57. 浙江省檔案館，檔案號：J121-001-009-001，J121-021-643，關於報送浙江省 1984～2000 年圍墾海塘建設規劃。

58. 浙江省檔案館，檔案號：J121-001-009-001，J121-14-353，關於一九七四年--一九八零年水利規劃的意見。

59. 浙江省檔案館，檔案號：J121-001-009-001，J121-14-334，一九七四年第十三號颱風雨情、水情初步小結。

60. 浙江省檔案館，檔案號：J121-001-009-001，J121-15-499，關於水利工程管理情況的報告，浙江省水利電力廳。

61. 浙江省檔案館，檔案號：J121-001-009-001，J121-15-638，浙江省圍墾海塗初步規劃，1962。

62. 浙江省檔案館，檔案號：J121-001-009-001，J121-14-334，錢塘江海塗養護管理試行辦法初稿。

63. 浙江省檔案館，檔案號：J121-001-009-001，J121-6-195，浙江省人民政府農林廳海塘防汛會議總結。

二、口述歷史資料

1. 李海靜、王淼，歷錢塘江河口防治開發過程的回憶——戴澤蘅、李光炳訪談錄〔J〕，中國科技史雜誌，Vol.36，No.2：213～226。

2. 李海靜、王淼，對話陳紹沂：我的 63 年浙江水利經歷〔J〕，中國水利，2016，No.7：60～64。

3. 王淼、李海靜，周潮生先生錢塘江史志研究之路——周潮生高級工程師史志研究之路〔J〕，廣西民族大學學報（自然科學版），2016，No.4。

4. 李海靜、韓曾萃，從革命者到水利行家的蛻變——浙江省水利廳原廳長鍾世傑訪談錄，訪談時間：2015 年 5 月 23 日、2015 年 5 月 27 日、2015 年 10 月 22 日；保存地：錢塘江海塘管理局、中國科學技術大學。

5. 李海靜、王淼，韓曾萃訪談實錄，訪談時間：2016 年 3 月 6 日、5 月 16 日、7 月 22 日；保存地：錢塘江海塘管理局、中國科學技術大學。

三、研究報告

1. 浙江省歷年水文特徵統計：全，苕溪、運河、錢塘江、曹娥江、甬江、靈江、甌江、飛雲江、敖江流域〔R〕，浙江省水利廳水文總站編，1959。

2. 錢塘江海塘北岸險段標準塘工程可行性研究報告〔R〕，浙江省水利河口研究院，1996。

3. 錢塘江河口潮波變形計算〔R〕，杭州灣電模擬試驗報告，水電部水科院，1964。

4. 從錢塘江河口河床演變特點來看江道整治中的幾個閘〔R〕，水電部水科院，1964。

5. 錢塘江河口潮波變形計算——杭州灣一維〔R〕，浙江省水科所，1964。

6. 錢塘江河口規劃河道的規定指標〔R〕，南京水利科學研究院，1963。

7. 錢塘江湧潮形成條件及規劃河道中湧潮的計算〔R〕，南京水利科學研究所，1963。

8. 錢塘江河口阻力初步分析，浙江省水科所〔R〕，1963。

9. 錢塘江河口規劃河道縱向變形計算方法的探討〔R〕，浙江省水科所，1963。

10. 錢塘江河口全線縮窄及加建潛後潮汐變化的定床模型試驗報告〔R〕，浙江省水科所，1963。

11. 錢塘江河口整治規劃方案電模型試驗〔R〕，浙江省水科所，1963。

12. 錢塘江河口區地貌發育的若干基本閘〔R〕，華東師範大學，1963。

13. 錢塘江河口沙坎的形成及其歷史演變〔R〕，華東師範大學，1963。

14. 錢塘江河口灘地資源的開墾利用閘〔R〕，華東師範大學，1963。

15. 錢塘江河口的泥沙移動與河槽變形〔R〕，華東師範大學，1963。

16. 錢塘江整治規劃河槽的計算方法〔R〕，南京水利科學研究院，1963。

17. 錢塘江湧潮對河床形態影響的初步分析〔R〕，南京水利科學研究院，1963。

18. 錢塘江河口潮水流的特徵線計算方法及驗證計算〔R〕，浙江省水科所，1962。

19. 錢塘江河口現代沉積物特性分析（節要）〔R〕，華東師範大學，1962。

20. 錢塘江河口河道平面擺動初步分析〔R〕，錢塘江河口研究組，1961。

21. 錢塘江河口自然概況及潮力資說明開發問題〔R〕，南京水科所、浙江水力廳水科所錢塘江河口研究所，1958。

22. 錢塘江流域水位資料 1957（包括浙江省沿海諸流域）水位流量含沙量降蒸量〔R〕，浙江水利廳刊印，1958。

23. 浙江省錢塘江海塘工程局 1946 年度工程計劃書〔R〕，錢江海塘工程局編，1946。

24. 科研成果選編第二輯〔R〕，浙江省錢塘江工程管理局，浙江省河口海岸研究所，1979。

25. 錢塘江河口尖山河段整治規劃〔R〕，浙江省水利河口研究院，2001 年。

26. 錢塘江尖山河段治導線初步研究〔R〕，浙江省水利河口研究院，1985。

27. 錢塘江尖山河段治導線調整補充分析研究〔R〕，浙江省水利河口研究院，1986。

28. 錢塘江尖山河灣南股槽整治研究總報告〔R〕，浙江省水利河口研究院，1996。

29. 錢塘江流域水資源綜合開發考察報告〔R〕，浙江省水利河口研究院，1986。

30. 錢塘江下游河槽路線的沖淤變化〔R〕，浙江省水利河口研究院，1955。

31. 錢塘江下游江道變遷史〔R〕，浙江省水利河口研究院，1956。

32. 錢塘江下游穩定江槽初步設計〔R〕，浙江省水利河口研究院，1952。

33. 錢塘江下游赭山灣整治工程初步設計〔R〕，浙江省水利河口研究院，1958。

34. 錢塘江下游資料整理工作〔R〕，浙江省水利河口研究院，1956。

35. 浙江省灘塗圍墾總體規劃報告〔R〕，浙江省水利河口研究院，2006。

36. 浙江水利 60 年回憶錄〔R〕，浙江省水利廳。

37. 浙江省水利河口研究院科技發展五十年〔R〕，浙江省水利河口研究院，2007。

38. 浙江省水利水電勘察設計院五十週年慶〔R〕，浙江省水利水電勘察設計院。

39. 浙江省水利水電勘察設計院五十年發展回顧（1956～2006）〔R〕，浙江省水利水電勘察設計院。

40. 錢塘江河口防治九十年〔R〕，浙江省錢塘江管理局，浙江省河口海岸研究所，2006。

41. 中國古代潮汐資料整編組，中國古代潮汐史料彙編〔R〕，浙江省河口海岸研究所。

42. 水利組第五號，錢塘江潮汛之狀況〔R〕，西湖博覽會浙江省建設廳宣傳，大上海圖書館藏。

43. 浙江省水利局，浙江省水利建設叢刊〔R〕，民國三十七年十二月。

四、專著

1. 鄭肇經，中國水利史〔M〕，北京：商務印書館，1939。

2. 鄭肇經，太湖水利技術史〔M〕，北京：農業出版社，1987（1）。

3. 沈百先、章光彩，中華科技史〔M〕，臺灣：臺灣商務印書館股份有限公司，中華民國六十八年（1979 年）。

4. 姚漢源編著，中國水利史綱要〔M〕，北京：水利電力出版社，1987。

5. 水利水電研究院編著，中國水利史稿〔M〕，北京：水利電力出版社，1979。

6. 周魁一編著，中國科學技術史水利卷〔M〕，北京：科學出版社，2002。

7. 譚徐明編著，中國灌溉及防洪史〔M〕，北京：水利電力出版社，2005。

8. 朱偰，《江浙海塘建築史》〔M〕，上海：學習生活出版社，1955。

9. 汪家倫，古代海塘工程〔M〕，北京：水利電力出版社，1988（1）。

10. 張文采，中國海塘工程簡史〔M〕，北京：科學出版社，1990（1）。

11. 陳吉余，海塘——中國海岸變遷和海塘工程〔M〕，北京：人民出版社，2000。

12. 陶存煥、周潮生，明清錢塘江海塘〔M〕，北京：中國水利水電出版社，2001。

13. 韓曾萃，錢塘江河口防治開發〔M〕，北京：中國水利水電出版社，2003。

14. 浙江省海岸帶和海塗資源調查領導小組辦公室，浙江省海岸帶和海塗資源綜合調查報告編寫委員會編，浙江省海岸帶和海塗資源綜合調查報告〔M〕，北京：海洋出版社，1988。

15. 張書農，治河工程學〔M〕，上海：中國科學圖書儀器公司，1953。

16.（唐）李元甫，元和郡縣圖志卷二十五〔M〕，北京：中華書局，1983。

17.（宋）周密，武林舊事卷三〔M〕，杭州：西湖書社，1981。

18.（宋）吳自牧，夢梁錄卷四〔M〕，杭州：浙江人民出版社社，1980。

19.（明）田汝成，西湖遊覽志餘卷十九〔M〕，杭州：浙江人民出版社社，1980。

20.（民國）洪如嵩補輯，《杭俗遺風》〔M〕，杭州：浙江人民出版社社，1980。

21. （清）金志章等，吳山伍公廟志〔A〕，杭州：西湖文獻集成第 25 冊〔C〕，杭州：杭州出版社，2004。

22. （清）范祖述，杭州遺風〔M〕，上海：上海文藝出版社，1980 年影印。

23. （清）海鹽縣新辦塘工成案卷一至卷三。

24. 中華人民共和國水文年鑒〔M〕，第 7 卷，浙閩臺河流水文資料，第 1 冊，錢塘江流域（不包括浦陽江），杭州：水利電力部浙江省水文總站，1953～1962，1965～1968，1970～1977。

25. 鈔曉鴻主編，海外中國水利史研究日本學者論集〔M〕，北京：人民出版社，2014。

26. 趙廣和主編，中國水利百科全書綜合分冊〔M〕，北京：中國水利水電出版社，2004。

27. 浙江省水利志編纂委員會編，浙江省水利志〔M〕，北京：中華書局，1998。

28. 錢塘江志編纂委員會編，錢塘江志〔M〕，北京：方志出版社，1998。

29. 費黑主編，蕭山圍墾志〔M〕，上海：人民出版社，1999。

30. 中國水利百科全書編纂委員會，水利電力出版社中國水利百科全書編輯部編，中國現代水利人物志〔M〕，北京：水利電力出版社，1994。

31. （英）史蒂文·米森，休·米森著；岳玉慶譯，流動的權利水如何塑造文明？〔M〕，北京：北京聯合出版公司，2014。

32. 靳懷春，悲壯三峽〔M〕，北京：作家出版社，2013。

33. 王亞華著，中國水利發展階段研究〔M〕，北京：清華大學出版社，2013。

34. 國家自然科學基金會，中國科學院，中國學科發展戰略水利科學與工程〔M〕，北京：科學出版社，2016。

35. 林炳堯編著，錢塘江湧潮的特性〔M〕，北京：海洋出版社，2008。

36. 國家自然科學基金委員會工程與材料科學部，水利科學與海洋工程學科發展戰略研究報告（2011～2015）〔M〕，北京：科學出版社，2011。

37. 趙漢賓、王盛才著，綜合性水利樞紐工程開發模式研究〔M〕，鄭州：黃河水利出版社，2012。

38. 錢正英主編，中國水利〔M〕，北京：水利電力出版社，2012。

39. 賈金生主編，中國大壩協會叢書中國大壩建設 60 年〔M〕，北京：水利電力出版社，2013。

40. （英）李約瑟，中國科學技術史第四卷〔M〕，北京：科學出版社；上海：
上海古籍出版，1999。

41. （美）卡爾・奧古斯特・魏特夫（Karl August Wittfogel）主；徐式谷、奚
瑞森，鄒如山譯，東方專治主義對於集權力量的比較研究〔M〕，北京：
中國社會科學出版社，1989。

42. 冀朝鼎，中國歷史上的基本經濟區與水利事業的發展〔M〕，北京：中國
社會科學出版社，1981。

43. 彭雨新、張建民，明清常見流域農業水利研究〔M〕，武漢：武漢大學出
版社，1992。

44. （明）萬冀原著，朱更翎整編，治水筌碲〔M〕，北京：水利電力出版社，
1985。

45. 水利部黃河水利委員會，《黃河水利史述要》編寫組，黃河水利史述要
〔M〕，北京：水利電力出版社，1984。

46. 中國人民政治協商會議浙江省委員會文史資料研究委員，浙江百年大事
記（1840～1945）〔M〕，杭州：浙江人民出版社社，1985。

47. 農業部農田水利局編，水利運動十年〔M〕，北京：農業出版社，1960。

48. 王光綸編著，情繫山河張光斗傳〔M〕，北京：中國科學技術出版社；上
海：上海交通大學出版社，2014。

49. 張志輝編，科技「大躍進」資料選（上、下）〔M〕，山東：山東教育出版
社，2009。

50. （德）佩特拉・多布娜著，強朝暉譯，水的政治關於全球防治的政防治論、
實踐與批判〔M〕，北京：社會科學文獻出版社，2001。

51. （日）森田明著，雷國山譯，清代水利與區域社會〔M〕，山東：山東畫報
出版社，2008。

52. （日）森田明著，清代水利史研究〔M〕，日本：亞紀書房，1974。

53. （意）馬可・波羅口述；魯思梯謙筆錄；曼紐爾・科姆羅夫英譯；陳開俊、
戴樹英、劉貞瓊、林建合譯，馬可波羅遊記〔M〕，福建：福建科學技術
出版社，1981。

54. 陶存煥著，錢塘江河口潮災史料辯誤〔M〕，杭州：浙江古籍出版社社，
2013。

55. （清）高晉等輯，南巡盛典1～10冊〔M〕，北京：北京古籍出版社，1996。

56.《杭州歷史叢編》編輯委員會，民國時期的杭州〔M〕，杭州：浙江人民出版社，1992。

57.（民國）孫中山，建國方略〔M〕，北京：中國長安出版社，2011。

58.（民國）浙江省通志館編，浙江省地方志編纂委員會整理，重修浙江通志稿〔M〕，北京：方志出版社，2010。

59.（清）浙江省地方志編纂委員會編，清雍正朝浙江省通志〔M〕，北京：中華書局出版社，2011。

60.（明）仇俊卿，全修海塘錄十卷〔M〕，明刻清修補印本，美國哈佛大學哈佛燕京圖書館藏中文善本叢刊。

61.（宋）潛說友纂，咸淳臨安志1～10冊〔M〕，杭州：浙江出版聯合集團、浙江古籍出版社，2012。

62.（民國）王世裕編，塘閘彙記〔M〕，紹興縣修志委員會會刊，中華民國二十七年十月。

63.（清）錢文瀚撰，捍海塘志〔M〕，丁丙輯，刻本：錢塘丁氏嘉惠堂，清光緒間。

64.（清）琅玕等纂，海塘新志，清嘉慶重刻本，馬寧、鄭曉霞、張智副主編，中國水利志叢刊64冊〔M〕，揚州：廣陵書社，2006：169～257。

65.（清）富呢揚阿續編，續海塘新志，道光十九年刊本，馬寧、鄭曉霞、張智副主編，中國水利志叢刊65冊〔M〕，揚州：廣陵書社，2006：85～155。

66.（清）方觀承，兩浙海塘通志，清乾隆年間刻本，馬寧、鄭曉霞、張智副主編，中國水利志叢刊62冊〔M〕，揚州：廣陵書社，2006：232～316。

67.（清）闕名撰，兩浙水利詳考，影印本，馬寧、鄭曉霞、張智副主編，中國水利志叢刊68冊〔M〕，揚州：廣陵書社，2006：1～6。

68.（民國）佚名，海寧縣水利要略一卷，民國抄本；石光明，董光和，楊光輝主編，中華山水志叢刊〔M〕，北京：線裝書局，2004：2～16。

69.（清）程鳴九纂，三江閘務全書清刻本；石光明，董光和，楊光輝主編，中華山水志叢刊〔M米〕，北京：線裝書局，2004：120～160。

70. 錢塘江紀行編寫組，錢塘江紀行〔M〕，上海：上海教育出版社，1981。

71. 杭州大學歷史系資料室編，浙江地方史論文資料索引（1949～1981）〔M〕，杭州：杭州大學出版社，1982。

72. 李儀祉原著，黃河水利委員會編，李儀祉水利論著選集〔M〕，北京：水利水電出版社，1988。

73.（清）王鳳生修，梁恭辰重校，浙西水利備考〔M〕，臺灣：成文出版社，1983。

74. 王洪昌、李春玲、牛紅生、王全蘭、壬敏，國外江河水利開發〔M〕，鄭州：黃河水利出版社，2001。

75. 張建民，10世紀以來長江中下游區域環境、社會變遷〔M〕，武漢：武漢大學出版社，2008。

76. 陳樺、劉宗志，救災與濟貧：中國封建時期得到社會救助活動（1750～1911）〔M〕，北京：人民大學出版社，2005。

77. 汪家倫、張芳，中國農田水利史〔M〕，北京：農業出版社，1990：361～370，399。

78. 胡志富、徐立望主編，李輔燿日記〔M〕，杭州：浙江大學出版社，2014。

79. 人民出版社編輯，農田水利建設大躍進〔M〕，北京：人民學出版社，1958。

80. 張書農著，治河工程學〔M〕，北京：中國科學圖書儀器公司，1951。

81. 杭州錢塘江研究院編，錢塘江研究報告（一）〔M〕，杭州：杭州出版社，2013。

82. 陳雄，錢塘江歷史水利研究〔M〕，北京：光明日報出版社，2013。

83. 馮利華、陳雄，錢塘江流域水利開發史研究〔M〕，北京：中國社會科學出版社，2009。

五、學術論文

1. 王大學，明清江南海塘的建設與環境〔D〕，上海復旦大學博士學位論文，2007。

2. 和衛國，清代國家與錢塘江海塘工程：以十八世紀為中心〔D〕，人民大學博士學位論文，2008。

3. 祝衛東，清代重力型石塘及科學價值〔D〕，中國水利水電科學研究院博士學位論文，2014。

4. 顧永傑，三門峽工程及其決策研究〔D〕，中國科學院自然科學史研究所博士學位論文，2011。

5. 周祝偉，7～10世紀錢塘江下游地區開發研究〔D〕，浙江大學博士學位

論文，2003。

6. 羅潛，關於中國古代水利文獻的基礎研究〔D〕，安徽大學碩士學位論文，2007。

7. 陳靜，明代浙江海鹽縣海塘與當地經濟社會〔D〕，遼寧大學碩士學位論文，2011。

8. 馮玉榮，明末清初松江士人與地方社會〔D〕，復旦大學博士學位論文，2005。

9. 田戈，明清時期今慈谿市域的海塘、聚落或移民〔D〕，復旦大學碩士學位論文，2012。

10. 張崇旺，明清時期自然災害與江淮地區社會經濟的互動研究〔D〕，廈門大學博士學位論文，2004。

11. 魏亭，明清浙江海洋社會研究〔D〕，寧波大學碩士學位論文，2011。

12. 劉志松，清「冒破物料」律與工程管理制度〔D〕，南開大學博士學位論文，2010。

13. 胡仲愷，清代錢塘江海塘的修築與低地開發〔D〕，暨南大學碩士學位論文，2014。

14. 胡斯亮，圍填海造地及其管理制度研究〔D〕，中國海洋大學博士學位論文，2011。

15. 孟繁盛，明清徽州水利社會幾個問題的研究〔D〕，安徽大學博士學位論文，2013。

16. 胡其偉，明清時期沅水流域經濟開發與社會變遷〔D〕，復旦大學博士學位論文，2007。

17. 徐柔遠，錢塘江水系的形成和變遷〔J〕，浙江地質，1995，Vol.11，No.2：40～48。

18. 宋正海、趙叔松，中國古代潮汐表〔J〕，大自然索，1987，Vol.6，No.2：175～179。

19. 李勤，試論民國時期水利事業從傳統到現代的轉變〔J〕，三峽大學學報（人文社會科學版），2005，Vol.27，No.5：22～26。

20. 陳來華，水科學進展〔J〕，水科學進展，2007，Vol.18，No.3：385～389。

21. 王建華、楊元平、吳修廣、趙昕，錢塘江河口（杭州灣段）考察調研報告〔J〕，浙江水利科技，2013，No.2：1～11。

22. 池方慶、肖英傑、張國勇〔J〕，水運管理，2006，Vol.28，No.9：17～20。

23. 陳希海、周素芳，錢塘江海塘標準塘工程〔J〕，水利水電科技進展，1999，Vol.19，No.4：39～42。

24. 陶存煥，錢塘江古海塘的塘型演變和經驗探討〔J〕，水利水電科技進展，1999，Vol.19，No.4：47～50。

25. 闕維民，論運河杭州段的水道變遷〔J〕，中國歷史地理論叢，1990，No.1：171～178。

26. 胡瑞琪，「定海測候所」歷史淵源〔J〕，浙江國際海運職業技術學院學報，2014，Vol.10，No.4：8～14。

27. 馬丁，試論錢塘江南岸古海塘旅遊資源的保護與開發〔J〕，中共杭州市委黨校學報，20003（1）：24～27。

28. 徐有成、龔真真，錢塘江生態文明建設的思考〔J〕，文化交流，2015（4）。

29. 龔真真，錢塘江潮神種種〔J〕，文化交流，2015（10）。

30. 李玲玲、張永鋼、李磊岩，地質雷達檢測技術在錢塘江古海塘工程中的應用〔J〕，實驗技術與管理，2015（9）。

31. 賀俊、陳振華，錢塘江臨江古海塘維護養護若干技術問題探討〔J〕，城市道橋與防洪，2014（9）。

32. 鄭燁、陳振華、張開偉、張鑒偉、沈躍軍，不同填料下錢塘江古海塘塘背土壓力現場試驗研究〔J〕，岩土力學，2014（6）。

33. 蔣弘毅、陳振華、國振、王立忠，錢塘江古海塘護坦結構失效機制試驗研究〔J〕，岩土力學，2013。

34. 賀俊、陳振華、張開偉，錢塘江古海塘塘基防滲加固現場試驗研究〔J〕，岩土工程技術，2013（5）。

35. 王擁文、包增軍、張開偉，MJS 工法加固古海塘木樁樁基現場試驗研究〔J〕，岩土工程技術，2013（4）。

36. 沈躍軍、陳振華、張開偉、張鑒偉，錢塘江魚鱗石塘湧潮作用力動態測試與分析〔J〕，水利水運工程學報，2013（6）。

37. 王立忠、吳有霞、徐有成、朱奚冰，錢塘江古海塘水動力作用試驗研究〔J〕，海洋工程，2012（3）。

38. 朱冠天，錢塘江海寧古海塘加固技術研究及應用〔J〕，海洋工程雜誌，2005（1）。

39. 黃黎明、吳玲洪、麻永明，錢塘江北岸海塘加固技術〔J〕，浙江水利科技，2005（3）。

40. 周素芳，錢塘江明清古海塘加固技術研究〔J〕，水利水電技術（北京），2004（5）。

41. 蔣科毅、吳明、邵學新，杭州灣及錢塘江河口水鳥群落組成、季節動態及種間相關係分析〔J〕，動物學研究，2011，32（6）：631～640。

42. 錢旭中，近代和現代的錢塘江海塘管理機構〔J〕，河口與海岸工程，1994（2）。

43. 應日恩，錢塘江海塘管理費解決途徑探討〔J〕，浙江水利水電專科學校學報，2002（2）。

44. 賀春雷，錢塘江海塘建設投入與效益分析〔J〕，浙江水利水電專科學校學報，2001（4）。

45. 穆永波、鄭慧，海塘管理存在的問題及建議〔J〕，城市建設理論研究（電子版），2013（30）；張寧乾，海塘管理存在的問題及建議〔J〕，房地產導刊，2015（19）。

46. 陳文江、胡寅，錢塘江海塘白蟻綜合防治措施及效果評價〔J〕，浙江水利水電專科學校學報，2010（1）。

47. 宋曉鋼、王巨峰、石勇、阮冠華，錢塘江海塘白蟻綜合防治效果初探〔J〕，中國媒介生物學及控制雜誌，2004（6）。

48. 徐冬、胡寅，採用藥物灌漿進行錢塘江海塘白蟻綜合防治的探討〔J〕，城市害蟲防治，2008（1）：40。

49. 黃海珍，錢塘江海塘鹽鹼地綠化造林技術探討〔J〕，技術與市，2006（10）。

50. 森田明撰文，鐵山博翻譯，日本「中國水利史研究會」簡介，中國水利〔J〕，1982（03）。

51. 陳東海，錢塘江塘工技術近期進展〔J〕，城市道橋與防洪，2014，No.7：236～240。

52. 沈阿四，錢塘江湧潮形成的歷史探索〔J〕，浙江水利科技，2002，No.7：75～76。

53. 毛獻忠、龔春生，錢塘江湧潮影響因素分析〔J〕，水力發電學報，2011，No.4：109～116。

54. 許建平、楊義菊，錢塘江與杭州灣河海界限的劃分〔J〕，海洋學研究，

2007，Vol.25，No.1：44～54。

55. 張寧乾，海塘管理存在的問題及建議〔J〕，房地產導刊，2015（19）。

56. 陳文江、胡寅，錢塘江海塘白蟻綜合防治措施及效果評價〔J〕，浙江水利水電專科學校學報，2010（1）。

57. 徐冬、胡寅，採用藥物灌漿進行錢塘江海塘白蟻綜合防治的探討〔J〕，城市害蟲防治，2008（1）。

58. 黃海珍，錢塘江海塘鹽鹼地綠化造林技術探討〔J〕，技術與市場，2006（10）。

59. 森田明撰文，鐵山博翻譯，日本「中國水利史研究會」簡介，中國水利〔J〕，1982（03）。

60. 王杏會，關於錢塘江流域管理的設想〔J〕，浙江省水利水電學報，2000（2）。

61. 李壽星、沈水土，浙江省海塘管理現狀及對策研究〔J〕，浙江水利科技，2003（5）：43～45。

62. 吳修廣、黃世昌、韓曾萃，浙江省河口、海岸帶整治和開發利用中的若干問題研究〔J〕，浙江水利科技，2006，No.4：11～14。

63. 徐承祥、周柏水，浙江灘塗圍墾的現狀與展望〔J〕，東海海洋，2004，No.2：53～58。

64. 潘存鴻、符寧平，錢塘江河口防治回顧〔J〕，水利水電科技進展，1999，19（4）：43～46。

65. 韓曾萃、戴澤蘅，錢塘江河口尖山河段防治規劃及杭州灣開發規劃設想〔J〕，河口與海岸工程，1998（4）：37～57。

66. 戴澤蘅、李光炳，錢塘江河口防治開發與展望〔J〕，海洋學研究，1989（1）。

67. 禇振坤、柴賢龍，錢塘江何況防治開發研究〔J〕，中國水利，2014（6）：40～41。

68. 陳吉余，錢塘江河口防治的成就與展望〔J〕，地理研究，1997（2）：52～56。

69. 潘存鴻、韓曾萃，錢塘江河口防治中若干關鍵問題研究〔J〕，中國海洋，2011.1。

70. 潘存鴻、韓曾萃，錢塘江河口防治與科技創新〔J〕，中國水利，2011（10）：19～22。

71. Captain W. U. Moore, R. N., H.M.S. "Penguin". BORE OF THE TSIEN-TANG-KIANG[R], Cornell University Library. 1892: 2~7.

六、新聞報導

1. 風災中之浙省海塘出險記〔N〕，申報，民國四年八月一日。
2. 風災損失之續報〔N〕，申報，民國四年八月四日。
3. 浙江水災紀〔N〕，申報，民國十年八月廿二日。
4. 風災與潮患〔N〕，申報，民國三年九月十二日。
5. 昨日颶風暴雨、歷一晝夜、勢如萬馬奔騰、震耳欲聾〔N〕，申報，民國十一年九月三日。
6. 浙江水災紀〔N〕，申報，民國十五年七月首日。
7. 浙境水災五志〔N〕，新聞報，民國十五年七月五日。
8. 杭垣大風雨之損失〔N〕，新聞報，民國十七年九月十八日。
9. 浙災調查〔N〕，民國報，民國十七年十月十日。
10. 浙省各縣災況之調查〔N〕，實事新報，民國十七年十月十三日。
11. 錢江沿岸大水為災〔N〕，申報，民國十八年六月十三日。
12. 浙省梅雨中之大水〔N〕，新聞報，民國十八年六月廿六日。
13. 錢塘江岸山洪暴漲〔N〕，申報，民國十八年六月廿九日。
14. 錢江水災之善後談〔N〕，申報，民國十八年六月廿九日。
15. 浙江災後之水利交通〔N〕，申報，民國十八年七月一日。
16. 浙省災情〔N〕，民國日報，民國十八年八月廿日。
17. 浙海寧海塘出險成災〔N〕，申報，民國十九年八月二日。
18. 沈雨蒼，秋風中之西湖雨錢江〔N〕，新聞報，民國十九年八月二日。
19. 晚農，駭浪驚濤話海寧〔N〕，新聞報，民國十九年八月四日。
20. 錢塘江中增築攔水壩三座〔N〕，大公報，民國廿四年五月十三日。
21. 海寧水壩沖毀〔N〕，申報，民國廿四年六月廿六日。
22. 錢江南岸發生險象〔N〕，申報，民國廿四年九月五日。
23. 杭州建設廳疏濬富春江〔N〕，申報，民國廿年一月廿五日。
24. 杭海塘六十年未大修〔N〕，民國日報，民國廿年一月三一日。
25. 杭海塘岸危象益顯〔N〕，新聞報，民國廿年三月十三日。
26. 張難先到海寧視察塘口〔N〕，時事新報，民國廿年三月十八日。
27. 紅沙坍卸請救濟〔N〕，民國日報，民國廿年三月廿五日。

28. 海寧塘工經費問題〔N〕，申報，民國廿年四月十七日。

29. 聞家堰石塘崩險〔N〕，申報，民國廿三年四月八日。

30. 海寧塘工緊急，該縣公民自願籌銀〔N〕，申報，民國廿年五月廿六日。

31. 杭州派員往查塘堤決口〔N〕，新聞報，民國廿年六月廿四日。

32. 飛機測量錢江工作〔N〕，申報，民國廿年六月廿八日。

33. 沿塘險工日夜趕修〔N〕，新聞報，民國廿年七月。

34. 水患聲中之浙江水利工程〔N〕，民國日報，民國廿年八月三日。

35. 杭海石塘忽然坐陷〔N〕，申報，民國廿七年八月五日。

36. 建廳派員視察塘工〔N〕，新聞報，民國廿年八月廿三日。

37. 杭海塘塘身沖毀數尺〔N〕，新聞報，民國廿年八月廿四日。

38. 水利局勘修堤塘〔N〕，新聞報，民國廿年八月廿七日。

39. 海塘〔N〕，時事新聞，民國廿年八月廿八日。

40. 紹縣保護海塘〔N〕，時事新聞，民國廿年九月九日。

41. 浙決澈底修築塘堤〔N〕，大公報，民國廿年十月九日。

42. 浙省堤防民眾管理辦法〔N〕，時事新聞，民國廿年十二月廿五日。

43. 浙省府領款修堤塘〔N〕，申報，民國廿一年一月廿六日。

44. 錢江工程經費議定辦法〔N〕，新聞報，民國廿一年三月廿六日。

45. 錢江交通〔N〕，民報，民國廿一年六月二日。

46. 浙省籌款修整險塘〔N〕，新聞報，民國廿一年六月十八日。

47. 杭市籌款十萬築挑水壩三處〔N〕，時事新聞，民國廿一年六月廿九日。

48. 浙建廳借款修塘壩〔N〕，新聞報，民國廿一年七月二日。

49. 防止水災與修王江涇坍塘〔N〕，民報，民國廿一年八月十一日。

50. 秋潮沖坍沙地損失〔N〕，申報，民國廿一年八月七日。

51. 整理浙海塘需費百六十萬水利局擬轉請全國經濟會籌撥〔N〕，民報，民國廿一年九月二十九日。

52. 錢塘江口塘工參觀記〔N〕，時事新聞，民國廿一年十二月四日。

53. 浙省險塘工程落成〔N〕，新聞報，民國廿一年十二月四日。

54. 浙西海塘工程告竣〔N〕，民報，民國廿一年十二月五日。

55. 浙海塘工程狀況〔N〕，新聞報，民國廿一年十二月五日。

56. 修治錢塘江與整理海塘之意見〔N〕，時事新聞，民國廿一年十二月廿日。

57. 浙水利局趕修海鹽平險塘〔N〕，民報，民國廿二年四月十六日。

58. 浙省整理危險海塘計劃〔N〕，民報，民國廿二年五月一日。

59. 錢江塘岸待修甚急〔N〕，大公報，民國廿二年五月一日。

60. 華東加緊進行蘇浙滬海塘春修工程〔N〕，新華社上海，1950 年 3 月 26 電。

61. 錢塘江古海塘申遺刻不容緩〔N〕，人民政協報，2015 年 6 月 6。

62. 春假中之錢塘江海濱〔N〕，圖畫時報，1921 年 4 月 19。

七、電子文獻資料

1. （民國）雷鴻基、張書農，考察荷蘭水利工程報告〔J〕，導淮委員會半年刊，155～164，民國時期期刊全文數據庫（1911～1949）〔J/OL〕。

2. 陳橋驛、俞康宰、傅國通，浙江省縣（市）名簡考〔J〕，113～128，民國時期期刊全文數據庫（1911～1949）〔J/OL〕。

3. （民國）祝修爵，錢塘江塘工概述〔J〕，民國時期期刊全文數據庫（1911～1949）〔J/OL〕。

4. （民國）Dr.Macgowan，毛信寶譯，錢塘江之高潮〔J〕，民國時期期刊全文數據庫（1911～1949）〔J/OL〕。

5. （民國）浙江省水利局組織規程〔J〕，浙江建設，1928，民國時期期刊全文數據庫（1911～1949）〔J/OL〕。

6. （民國）修理浙江海寧海塘案，浙江黨務月刊，1929，民國時期期刊全文數據庫（1911～19349）〔J/OL〕。

7. （民國）關於海塘修復經費，政府官報，1909，民國時期期刊全文數據庫（1911～1949）〔J/OL〕。

8. （民國）海塘勘估情形，政府官報，1910，民國時期期刊全文數據庫（1911～1949）〔J/OL〕。

9. （民國）塘工與混凝土之關係〔J〕，東方雜誌，1913，民國時期期刊全文數據庫（1911～1949）〔J/OL〕。

10. （民國）海塘分擔費用的案例〔J〕，法制週刊，1924，民國時期期刊全文數據庫（1911～1949）〔J/OL〕。

11. （民國）浙江省地方財稅概況〔J〕，浙江地方財稅月刊，1929，民國時期期刊全文數據庫（1911～1949）〔J/OL〕。

12. （民國）堤工塘工之進行——閘家堰之搶險〔J〕，政治成績統計，1934，民國時期期刊全文數據庫（1911～1949）〔J/OL〕。

13. （民國）海塘與觀潮〔J〕，民意週刊，1937，民國時期期刊全文數據庫
（1911～1949）〔J/OL〕。

14. （民國）勘查海塘情形〔J〕，督察員公報，1937，民國時期期刊全文數據
庫（1911～1949）〔J/OL〕。

15. （民國）錢塘江海塘工程〔J〕，科學畫報，1947，民國時期期刊全文數據
庫（1911～1949）〔J/OL〕。

16. （民國）錢塘江海塘工程〔J〕，科學大眾，1947，民國時期期刊全文數據
庫（1911～1949）〔J/OL〕。

17. （民國）錢塘江工程局修復改善錢塘江海淘計劃概要〔J〕，浙江經濟月刊，
1947，民國時期期刊全文數據庫（1911～1949）〔J/OL〕。

18. （民國）十年來之浙江水利建設〔J〕，浙江經濟，1948，民國時期期刊全
文數據庫（1911～1949）〔J/OL〕。

19. （民國）錢塘江上游開發計劃〔J〕，工程導報，1948，民國時期期刊全文
數據庫（1911～1949）〔J/OL〕。

20. （民國）美援物資價值〔J〕，工商經濟，1948，民國時期期刊全文數據庫
（1911～1949）〔J/OL〕。

21. （民國）美援物資運用情形之報告〔J〕，銀行週報，1948，民國時期期刊
全文數據庫（1911～1949）〔J/OL〕。

22. （民國）美援物資與自助計劃〔J〕，時代經濟，1948，民國時期期刊全文
數據庫（1911～1949）〔J/OL〕。

23. 錢塘江塘岸工程處工程隊規則〔J〕，參考資料，民國時期期刊全文數據庫
（1911～1949）〔J/OL〕。

24. （民國）錢塘江塘岸工程處臨時監工程暫行規程〔J〕，參考資料，民國時
期期刊全文數據庫（1911～1949）〔J/OL〕。

25. （民國）馬湘泳，錢塘江下游地形實察與今後潮汐之影響〔J〕，地理之友，
No.1：16～17，民國時期期刊全文數據庫（1911～1949）〔J/OL〕。

26. （民國）朱庭祐、盛莘夫、何立賢，錢塘江下游地質之研究〔J〕，建設，
Vol.2，No.2：88～103，民國時期期刊全文數據庫（1911～1949）〔J/OL〕。

27. （民國）史廷飆譯，錢塘江沿岸之地質〔J〕，地學雜誌，No.7：19～21。

28. （民國）楊星垣譯，錢塘江流域之地質〔J〕，地學雜誌，7～9。

29. 汪胡楨，一年來世界之水利工程〔J〕，水利月刊，No.1：59～63。

30. 都督呂批發民政廳據天津國立北洋大學學生許元瀚等呈為測量海塘以資實習請飭屬保護由〔R〕，浙江公報，1916 年，1568 期（1）。

31. 都督呂批黃嚴正鑒鄉食品保衛團總葉詠桃詳稱海塘被人私載私斷由〔R〕，浙江公報，浙江公報，1916 年，1523 期（1）。

32. 都督呂批民政廳呈報獎敘海塘測量處事出力人員請備案由由〔R〕，浙江公報，浙江公報，1916 年，1560 期（1）。

33. 公布錢塘江工程局各叚塘工監察委員會條例〔R〕，浙江公報，1928 年，0285 期（1）。

34. 民政廳長批海寧縣民張驦駿等稟請撥款修築海塘由〔R〕，浙江公報，1916 年，1549 期 0（1）。

35. 民政廳長王批海塘測量處呈遵批開具出力人員名單請獎敘由〔R〕，浙江公報，1916 年，1557 期 7（1）。

36. 內務部諮浙江都督海塘工程現經國務會議公決先行治標辦法希迅速籌辦文〔R〕，浙江公報，1913 年，0495 期（1）。

37. 錢塘道署詳巡按使為詳覆查勘海塘工程籌擬辦法請核示由〔R〕，浙江公報，1914 年，1013 期（1）。

38. 張海洋，錢塘江通航的醞釀〔J〕，廓清月刊，1948 年，0010 期（1）。

39. 任命戴恩基偉錢塘江工程局長〔R〕，浙江公報，1928 年，296 期。

40. 省長公署委任令委林大同為驗收海塘工程委員由〔R〕，浙江公報，1916 年，1660 期（1）。

41. 省長公署指令海寧海塘工程局陳廷絡呈覆選擇河海工校畢業生來局實習由〔R〕，浙江公報，1916 年，1861 期（1）。

42. 省長公署指令監平海塘工程局局長為呈送一月份到任後上日與前任已經造報之二十日再令並造報由〔R〕，浙江公報，1917 年，1771 期（1）。

43. 省長公署指令監平海塘工程局長呈覆查明更正林紹楷履歷祈監核更委由〔R〕，浙江公報，1917 年，1804 期（1）。

44. 省長公署指令臨平海塘工局呈派河海工程學校畢業生來局習練由〔R〕，浙江公報，1917 年，1875 期（1）。

45. 省政府指令秘三字第一○五四六號令建設廳據呈送修正水利局原擬非常時期防護海塘閘暫行辦法請核備等情願準備〔R〕，浙江公報，1937 年，3064 期（1）。

46. 為抄發修正錢塘江塘工局組織規程第四條關於工程師級別〔R〕，浙江公報，1949 年，0044 期（1）。

47. 為公布廢止浙江省水利局各段海塘工程處及測候所組織規程由〔R〕，浙江公報，1947 年，3430 期（1）。

48. 巡按使公署飭海塘工程局、鹽平塘工局飭發塘工局工程估計決算各種有式由〔R〕，浙江公報，1915 年，1131 期（1）。

49. 巡按使公署飭水利委員會、海塘測量處準興武將軍諮送測量事務委託調查規則請轉飭辦理由〔R〕，浙江公報，1915 年，1151 期（1）。

50. 巡按使公署諮陣財政部據財政廳詳報遷撥海塘經費並陣明國稅收支有無餘須待年終結算由〔R〕，浙江公報，1915 年，1331 期（1）。

51. 巡按使屆批定海郭道慎等稟修復海塘急待興工請飭縣出示曉諭並附圖由〔R〕，浙江公報，1914 年，1025 期（1）。

52. 巡按使屆批海塘測量處詳送技士等證明文件請敘官由〔R〕，浙江公報，1916 年，1482 期（1）。

53. 巡按使屆批海塘工程總局詳丙區碑字至遵字三十號擬請變更前議改用靠砌石坦由〔R〕，浙江公報，1916 年，浙江圖書館數字圖書館〔OL〕。

54. 巡按使屆批海塘工程總局詳為請定偷盜塘工公物及備雇工夫由局懲辦由〔R〕，浙江公報，1915 年，1176 期 3（1）。

55. 巡按使屆批黃岩陳敬和稟天涨沙塗圍築海塘請飭場給予證書由〔R〕，浙江公報，1916 年，洪憲 45 期（1）。

56. 巡按使屆批屆批海塘工程總局詳報據一盤頭本修員沈廷珍函告工程完竣請即停止薪水離工由〔R〕，浙江公報，1916 年，1142 期（1）。

57. 浙江行政公署批第三百五十二號批胡潤培呈衣令飭給發鹽平海塘工資由〔R〕，浙江公報，1914 年，0735 期（1）。

58. 浙江省建設廳錢塘江塘岸工程處組織暫行規程〔R〕，浙江公報，1931 年，1211 期（1）。

59. 浙江省建設廳訓令第一五九三號令本廳技正奉令調查錢塘江上游水為情形仰會勘具報由〔R〕，浙江公報，1929 年，0739 期（1）。

60. 浙江省交涉署公函第六四三號函各局為日本人西川晉次郎赴錢塘江岸各埠游歷函請查照保護由〔R〕，浙江公報，1929 年，0744 期（1）。

61. 浙江省錢塘江海塘工程局組織規程第四條條文修正〔R〕，浙江公報，1949

年，0044 期 1（1）。

62. 浙江省長公署復鹽塵海塘工程局函〔R〕，浙江公報，1919 年，2761 期（1）。

63. 浙江省長公署指令監平塘工局兼代紹蕭塘閘局海寧工局呈為會呈海塘工程具有特別情形奉令出具切結應如何辦理請〔R〕，浙江公報，1920 年，2907 期（1）。

64. 浙江省政府呈行政院文為海塘工程請中央據款等情一案迫請再飭財部迅予議覆准予照國由〔R〕，浙江公報，1931 年，1175 期 2（1）。

65. 浙江省政府公函第六五一號函救濟水災委員會為前請派員具領振災公債二百萬元修理海塘一案已奉行政院令復轉飭〔R〕，浙江公報，1932 年，1411 期（1）。

66. 浙江省政府建設廳令第一四三八號令錢塘江工程局據呈報籌備成立紹興段工程隊情形由〔R〕，浙江公報，1928 年，0331 期（1）。

67. 浙江省政府建設廳訓令第一九八號令各縣暨浙西水利議事會發擴充錢塘江工程局組織浙江省水利局案仰知照由〔R〕，浙江公報，1928 年，0395 期（1）。

68. 浙江省政府令建字第二九九六號令錢塘江工程局據擬改組編制並呈送清摺預算由〔R〕，浙江公報，1928 年，0222 期（1）。

69. 浙江省政府令建字第一七三七七號令錢塘江工程為任免該局局長由〔R〕，浙江公報，1927 年，0173 期 0（1）。

70. 浙江省政府批秘字第二四號批海寧縣商統會代電為海塘工程七郡安危所係懇迅令廳局務於冬令期內赳日興工以保危〔R〕，浙江公報，1931 年，1111 期（1）。

71. 浙江省政府訓令秘字第九四八號令財廳錢塘江塘岩工程處組織暫行規程暨經常費預算書備案由〔R〕，浙江公報，1931 年，1211 期（1）。

72. 浙江省政府致海寧張鵬翔等灰電為據修海塘經費已議決發款四萬元赳日興工由〔R〕，浙江公報，1928 年，0225 期（1）。

73. 浙江巡按史屆批海塘工程總局詳報近日各區塘工危險並搶護情形由〔R〕，浙江公報，1914 年，0875 期（1）。

74. 修理浙江海寧海塘案〔R〕，中央黨務月刊，1927 年。

75. 錢塘江海塘坍塌情形〔R〕，政府官報，1908 年。

76. 浙江巡撫馮汝騤奏五月分海塘沙水情形摺〔R〕，政府官報，光緒三十四年七月初八日第二百七十七號。

77. 度支部奏議覆浙撫奏海塘工程擬撥的款等摺〔R〕，政府官報，宣統元年六月十五日第六百三十一號。

78. 浙江巡撫增韞奏海塘新工起限修築勘估辦理情形摺〔R〕，政府官報，宣統二年十二月十八日第一千一百六十號。

79. 浙江省水利局居住戴恩基，浙江省水利局十七年度填購儀器臨時費預算書〔R〕，浙江省建設月刊公牘，中華民國十八年。

80. 浙江地方財政概況〔J〕，浙江財政月刊，民國十八年。

81. 徐世大，徐世大呈覆勘錢江蕭紹塘工情形〔R〕，浙江省建設月刊，中華民國十六年六月。

82. 借撥海塘搶險經費〔J〕，浙江省建設月刊工作概況，中華民國二十九年。

83. 朱家驊，浙江省民政廳、建設廳訓令第四四六號令各縣據水利局呈擬具浙江省各縣設立水文觀察站地位，即購買器具預算表速同水標觀測員須知、雨量記載員須知，各刊本仰遵照辦理具報由〔R〕，浙江省民政刊公牘縣政，中華民國十九年一月六日。

84. 監察使陳肇英呈報文查明浙江海塘情形〔R〕，監察院公報特載。

85. 李儀祉，對於改良杭海段塘工之意見〔J〕，水利月刊，Vol.1，No.1：22～35。

86. 浙江省塘堤閘壩搶修暫行規則〔R〕，浙江省建設月刊法規，中華民國十九年八月。

87. 徐驥良，杭海段海塘沿革略史〔J〕，浙江省建設月刊論著。

88. 再請撥款興築海塘〔R〕，浙江省建設月刊工作概況，中華民國二十年。

89. 張自立，兩年來之浙省海塘〔J〕，水利月刊，Vol.3，No.5～6：175～178。

90. （英文）測量學、飛機測量及錢塘江測〔J〕，Modern Water Works for China，Vol.1，No.2：3～11。

91. 浙江省水利局，兩年來之浙江海塘工程與整理錢塘江工程〔J〕，浙江省建設月刊報告，中華民國二十二年。

92. 陳德銘，浙江海塘工費之統計與分析〔J〕，浙江省建設月刊水利專號，中華民國二十二年。

93. 浙江省水利局，二十年浙江省之水災〔J〕，浙江省建設月刊水利專號，中華民國二十二年。

94. 朱延平，黃河含沙量特性之研究〔J〕，浙江省建設月刊水利專號，中華民國二十二年。

95. 朱延平，浙江省各河之含泥量〔J〕，浙江省建設月刊水利專號，中華民國二十二年。

96. 浙江省水利局，氣象測候之概況〔J〕，浙江省建設月刊水利專號，中華民國二十二年。

97. 浙江省水利局，杭州灣岸線及海深測量施測〔J〕，浙江省建設月刊水利專號，中華民國二十二年。

98. 浙江省水利局，浙江省水利局附設測候所組織章程〔J〕，浙江省建設月刊水利專號，中華民國二十二年。

致　謝

　　春華秋實，轉眼間已在科大就讀四年有餘，無數次遐想自己熱淚盈眶撰寫致謝的場景，但又不知何時才能開始這個結束曲。歷經四載方草成。錢江大潮後的午間，意外獲知今天正值中科大 58 歲生辰。在這特殊的日子，記錄和感恩在這裡的收穫與成長。

　　四年多的學習生涯讓我收益良多。兩位恩師的不棄，使我有了實現夢想的機會。在他們嚴格要求、諄諄教誨下，得以不斷成長。恩師石雲里教授淵博的學識、嚴謹的治學態度令初入師門的我充滿敬畏；先生從無重語批評，但足以令我汗顏；先生為人寬厚、謙和，對待學問卻近乎嚴苛；縝密的思維、快速的反映，一語可擊中要害；先生提點數語，便可獲得新的啟迪和發現，成就一個新的研究主題。

　　能與汪（前進教授）老再續師生緣，要感謝石雲里教授的精心安排！恩師汪前進教授高才博學、博物通達、思想深邃，追求思想之通達，亦對學生提出了極高的要求。恩師多次提點需關注文字背後的思想特質。

　　兩位恩師均注重內容和思想的昇華，這一思想和要求一直貫穿於我寫作的全過程。學生愚鈍未能達到老師要求之高度，但老師的教誨與理念一定牢記於心。

　　承沐兩位先生恩澤，在實現自我夢想的同時收穫了紮實嚴謹的治學態度，力求突破、獲取提升的治學理念。恩師再造之恩無以為報，定牢記恩師教誨，不斷努力，不負兩位先生教誨之恩。

　　感謝北京大學張藜教授對我的指導和支持，感謝張教授的批評指正使我成長並獲得提升。

在科大我有幸遇到系裏的各位老師，得到他們諸多指導和幫助。在胡化凱教授的課上，我瞭解了口述訪談，由此開啟了我博士論文新的研究視角，並成為我的一個重要研究方向；在張居中教授的課上，我瞭解了考古學，並與這一學科和方向建立了學術聯繫，為我拓展了新的視角，打開了新的視野；在龔德才老師的課上，使我瞭解了文物保護知識，為我現今的工作提供了認知基礎；在金正耀老師的課上，使我瞭解了何為科技考古，金老師以樸素的語言講述深奧的科技考古知識，使我這個外行可以輕鬆滲入其中，增長見識；呂凌峰副教授桀驁不羈的形象時常出現在我們辦公室內，他的到來會為我們帶來眾多笑聲和精神上的放鬆，最佩服他樂觀通達的人生態度、瀟灑的生活方式，聰明的頭腦和驚人的語言概括總結力；柯資能副教授是系裏最為獨特的一位老師，其廣博的學識、驚人的數學能力令人讚歎，走下講壇的他又是如此的簡單和熱心，為我提供了諸多幫助；付邦紅副教授於我即為老師又是師姐，很多方面要向其學習和請教；感謝熊衛民教授、張志輝教授詳細閱讀全文，並提出諸多修改意見；感謝系辦公室翟老師（狼媽）一直以來給予我諸多指點和幫助！感謝蔡老師一直盡心為大家服務！感謝系裏眾多老師的教誨和幫助，沒有你們的辛勤付出，就不會成就我們今天的成長，感謝諸位老師！

感謝課題組的兄弟姐妹，從入學到今天的論文修改，你們給了我諸多幫助，沒有你們，我無法完成學業，由衷的感激 Peter 家族的每位成員！笑笑也會一直記得哥哥、姐姐們。

多年的求學生涯，每一次的求學之初都離不開曾經的諸位老師的幫助和支持！內蒙古師範大學的羅見今教授、郭世榮教授、儀德剛教授是帶我走入科學史殿堂的引路人，感謝他們一直以來的支持和幫助！感謝關老師，每次遇到困難、困惑之時，您都耐心指點，學業上的不足亦直接指出，感恩老師！感謝王淼老師，一直支持、幫助、指導、參與我的研究工作！

四年的讀書生涯使我學會了感恩，在文章撰寫過程中，我得到了太多人的幫助和指點，是他們的幫助使我較快滲入到錢塘江水利史這一研究領域，能夠深入探討錢塘江防治的諸多問題。感謝浙江省錢塘江管理局的徐有成局長，在他的支持下，方使我順利開展訪談工作；感謝浙江省水利河口研究院葉永棋院長支持我們訪談及相關研究工作；感謝周潮生工程師為我提供了眾多資料和研究線索；感謝韓曾萃總工無私的幫助，為我提供資料，幫我解決難題，並仔細閱讀全文提出諸多修改意見；感謝戴澤蘅先生和子嗣戴驊先生，能夠容忍我

的不足，並指出我的問題，使我收穫了意外的人生成長；感謝鍾老廳長、陳老廳長的信任和支持！感謝浙江省水利廳多位領導的支持！感謝水利廳科標處的幫助和支持！

感謝我所在單位中國水利博物館張志榮館長、任根泉副館長、趙平博士對我工作的支持，讓我有充裕的時間可以從事水利史研究工作！也感謝在這裡所經歷的各種磨礪，讓我成熟、讓我成長！

年近不惑方完成此文，於我萬分艱難。曾幾何時，多次被拒而不受，是恩師的不棄才使我邁進夢想的大門。曾幾何時，無數人問我「讀書有何用？」。我不知道讀書有何用，但我知道那是我的夢想，我要通過自己的努力為自己圓夢。四年的學習生活一直奔波在合肥與杭州間的列車上。四年來，我用自己的努力來實現自己的夢想，我不想為了學業放棄家庭，也不想為了家庭而捨棄學業。我努力做好我該做的。事實上，我什麼都沒有做好，不是一個好學生、好女兒、好孫女、好媽媽、好妻子。我的至親在此期間離我而去，我沒有盡到作為女兒、孫女應盡的責任。於她（他）們，我心中充滿愧疚！希望這篇文章的完成能夠告慰父親的在天之靈！他是唯一支持我讀書的人。

感謝父母給了我生命！感謝爺爺奶奶的養育之恩！感謝姑姑不遠千里為我照顧女兒！感謝黃先生的幫助，你雖不贊同我讀書卻用實際行動支持了我，感謝你！感謝女兒為我們帶來的無限快樂和溫馨！

感謝遇到的所有人，人生需要經歷不同的風景，是你們讓我看到了不一樣的人生！